老いる勇気

これからの人生をどう生きるか

岸見一郎

PHP文庫

○本表紙図柄＝ロゼッタ・ストーン（大英博物館蔵）
○本表紙デザイン＋紋章＝上田晃郷

老いる勇気◉目次

第一章　人生、下り坂が最高！

第二章　「でも……」の壁を越える

第三章 「生きている」だけで人の役に立てる

第四章 「今、ここ」を大切に生きる

第五章　執着があってもいいではないか

第六章　「大人」でなければ介護はできない

第七章 「できない」という勇気を持つ

第八章　「私たち」を主語に考える

第九章　「老いの幸福」を次代に伝える

本書は、二〇一八年三月にＰＨＰ研究所より刊行されたものである。

編集協力——大旗規子

第一章

人生、下り坂が最高！

生きることは歳をとること

人は誰しも歳をとります。毎年、一歳ずつ、確実に歳をとります。歳はとりたくないと嘆きつつ、長生きしたいという人もいますが、これは両立しません。「生きる」ということは、すなわち「歳をとる」ということです。それは身体が変化するということでもあります。**若い時は「成長」として感じていたその変化を、いつの頃からか「衰え」と感じるようになる――**。それが、多くの人にとっての老いの実感でしょう。

私が最初に老いを意識したのは、歯の衰えによってでした。女性は子どもを一人出産すると歯が一本抜けるといわれますが、私は本を一冊書き上げると歯が一本抜けるということが続きました。

もちろん、そんなことは若い頃にはなかったことです。ひどくエネルギーを消耗した時に歯が抜けるという経験をして、自分にも老いが近づいていることを知りました。

歯の衰えが日々の生活に与える影響は甚大です。うまく嚙めなくなるので、まず食事に支障をきたします。治療が必要となれば、痛い思いをすることにもなります。歯の衰えは、容姿にも影響します。歯が抜けると、それだけで口元の印象が変わり、どうしても老けた感じになってしまいます。

それまで歯のことで困ったり、悩んだりしたことがあまりなかったので、義歯が必要になった時は、これが老いるということなのかと、がっくりしました。

歯の衰えの次に感じたのは、目の衰えです。こちらは痛みも、容姿に響くということもないので、歯の衰えほどダメージはありません。しかし、仕事で朝から晩まで本を読んだり、パソコンのモニターを見ながら原稿を書いたりしている私にとっては死活問題です。四六時中、活字に触れていなければならないのに、老眼で読めなくなるというのは、かなり衝撃的な経験でした。

こうした身体機能の衰えは、不可逆的な現象です。もちろん、昨今の医療技術をもってすれば、愁訴（しゅうそ）を軽減したり、進行を遅らせたりすることは、ある程度は可能でしょう。しかし、決して元に戻ることはありません。

元には戻れないという現実を、いかに受けとめていくか——。これは老いについて考える上で、また、病と向き合う際にも、まさしく〝肝心〟となるテーマです。嘆いたり、現実から目を背けたりするのではなく、「今、ここ」にいる自分と、どう付き合っていくかを考えていくしかないのです。

十八歳の頃の自分に戻りたいですか？

そもそも、なぜ人は老いを嘆くのでしょうか。

一般的には、「衰えていくこと」が老いであり、だからこそ衰えの証拠を目（ま）の当たりにするとショックを受けます。若い頃を絶頂として、そこから坂道を転がるように衰え、様々なものを失っていく——。老いには、そんなイメージがつきまといます。

確かに、老いることで失うものもたくさんありますが、必ずしもマイナスばかりではありません。

俳優の火野正平さんが自転車で全国を旅する、「にっぽん縦断 こころ旅」（NHKBSプレミアム）という番組があります。この番組のキーフレーズは、「**人生下り坂最高！**」。

自転車に乗っていると、登り坂はしんどいものです。しかし、登り切った先には必ず下り坂がある。風を切って下る坂道は爽快です。人生も、若い頃は夢や目標、野心、焦りなど、たくさんのものを背負い、必死でペダルを漕いできたけれど、「これからは、肩の荷をおろして、軽やかに楽しもう！」。そう思えれば、後半生に広がる景色は、まったく違うものになるでしょう。

「老」という字は、腰の曲がった長髪の老人が杖をついている姿をかたどった象形文字といわれます。しかし、江戸時代の「老中」という役職、あるいは中国語の「老師」という言葉にネガティブな含意はありません。目に見える姿ではなく、その人が蓄積してきた知識や経験に注目しているのです。

「十八歳の頃の自分に戻れるとしたら、戻りたいですか？」

カウンセリングでは、こんな質問をよくします。鏡に映る自分は若く、潑剌として、体力もあり、徹夜もできる――。それでも、五十代、六十代の方のほとんどは「戻りたくない」と答えます。今の自分にある知識や経験を持ったままであれば、戻ってもいい。でも、すべてがリセットされて、また一からやり直すことになるのはいやだ、と。

人生、いいことばかりではなかったと思います。辛い経験や嫌な思いもしてきたでしょう。しかし、それも含めて、これまでの自分の足跡、蓄積してきたものを手放したくない、というのです。老いは衰えであると嘆きつつ、ではただ若ければいいのかというと、そうでもありません。必ずしも若い頃の状態が最善だとは思っていない人もいるということです。

これは私も同感です。すべてをリセットして若返るとなると、例えば私の場合でいえば、若い頃に苦心惨憺して学んだギリシア語を、一から学び直さなければならないことになってしまいます。

「韋編三絶（いへんさんぜつ）」という言葉があります。孔子が晩年「易経」を何度も好んで読んだので、綴（と）じた革紐（ひも）が何度も切れたことから、繰り返し読むという意味です。私はギリシア哲学の古典を原語で読むために、辞書を三冊潰しました。使い込んでボロボロになっては買い直すということを繰り返し、懸命に勉強したからこそ、この歳になってギリシア哲学の大著を翻訳することもできました。**努力と歳を重ねてきた今だからこそ、できることはたくさんある**のです。

始める前から「できない」というのは嘘

一方で、私は六十歳になって新たに韓国語を学び始めました。韓国で講演することが増えたからです。

ギリシア語や英語、ドイツ語、フランス語など、欧米の言語であれば長年学んできたので読めるのですが、アジアの言語はこれまで一度も学ぶ機会がなかったので、韓国語はまったくゼロからのスタートでした。今は韓国人の先生について本を読んでいますが、いまだに初歩的な間違いをします。若い頃に戻るということは、言語を学ぶ時に初歩的な間違いをするように、様々なことについて失敗し、無知や経験のなさを痛感するということです。

しかし、新しいことを学ぶということ自体は、胸躍る楽しい経験です。辛いこともありますが、これまでの蓄積をリセットすることなく、若い頃に戻ることができ、若さを〝疑似体験〟できます。

これは誰にでもできます。必要なのは、特別な才能や適性ではなく、ほんの少しのチャレンジ精神です。オーストリアの精神科医・心理学者であるアルフレッド・アドラーの言葉を使うならば、「**不完全である勇気**」です。

新しいことを始めるチャンスを目の前にしながら、様々な理由を挙げて、「無理」「できない」という人がいます。若い頃のようには覚えられない、難しくて理解できそうにない、もう体力が続かない。時間だけは、たっぷりあるのだけれど——と。

しかし、本当はできないわけではありません。高校生の頃のような努力をすれば、新たに手がける言語であっても、習得することは可能です。それなのに、**始める前から「できない」と決めてかかるのは、不完全な自分を受け入れられないから、あるいは受け入れたくないから**です。

アドラーのいう不完全とは、人格ではなく、新たに手がけたことについての知識や技術の不完全さです。新しいことを始めると、たちまち「できない」自分と向き合うことになります。新しいことですから、できなくて当然です。しかし、そんな**「できない」自分を受け入れることが、「できる」ようになる一歩**なのです。

韓国語の勉強を始めたという話を講演会でしたところ、七十代半ばの男性から声をかけられました。その方は、六十四歳で中国語の勉強を始め、現在は通訳ガイドの仕事をされているそうです。「勉強はいつからでも始められる」と励まされました。

その時、私は韓国語の勉強を始めてまだ二年ほどでしたから、学習キャリアは遠く及びません。それでも、韓国語で書かれた本を読めるようになりました。韓国の全国紙「朝鮮日報」からの依頼で、短い書評を韓国語で書いたこともあります。もちろん事前に先生に添削してもらいましたし、書きたいことがあるのに力不足で思うようには書けませんでしたが、達成感はありました。

韓国語の次は、中国語を勉強したいと思っています。台湾で講演をする機会があり、その時少し中国語で話をしたことで興味を覚えたのです。

若い頃の勉強は、競争にさらされたり、結果を出すことが求められたりします。しかし、この歳になると、評価や評判を気にすることなく、学ぶことの喜びを純粋に味わうことができます。これは老いの特権といえるでしょう。

歳を重ねてこそ物事を深く味わえる

私はプラトンの『ティマイオス』を四年がかりで翻訳し、二〇一五年、五十九歳の時に出版しました（白澤社）。若い頃であれば、これを大学に就職するための業績として評価されたいと思ったかもしれません。しかし、そんなことを考えないで、この難業に何年もかけられたことは、私にとって大いなる幸せでした。

『ティマイオス』は、西欧世界ではプラトンの著作の中でもっとも読まれている作品です。しかし日本では、新訳が四十年以上も出ておらず、入手も困難になっていました。私はこの重要な著作を、専門家だけでなく多くの人が読めるようにしたいと思って翻訳に着手しましたが、ギリシア語から十年以上離れていたのです。しかし、長いブランクはあったものの、少しも忘れてはいませんでした。忘れていないどころか、若い頃よりも読めました。

ギリシア語が難しいのは今も同じですが、**そこに書かれていることに対する理解は、今のほうがはるかに深い**と思います。これは人生経験のおかげかもしれません。ギリシア語から離れていた時期にアドラー心理学を学んでいたことも、理解を深める一助になりました。直接的に役立ったというより、補助線を与えられたという感じです。幾何の問題を解く時、補助線があると、それまで見えていなかった形がはっきりと見えてくるように、アドラー心理学を学んだことや様々な人生経験が、哲学の理解を深めたのでしょう。

精神科医の神谷美恵子（かみやみえこ）は日記の中で、「過去の経験も勉強もみな生かして統一できるということは何という感動だろう。毎日それを考え、考えるたびに深い喜びにみたされている」と記しています（『神谷美恵子日記』KADOKAWA）。

これまでの人生で、自分が学び、経験し、蓄積してきたものすべてを集約して何かを表現できる。評価を気にすることなく、学ぶことの喜びを満喫できる。しかも、若い頃よりも物事を深く理解できる――。これは、老いることのポジティブな側面であり、強みといってもいいでしょう。

私は若い頃、学生オーケストラでホルンを演奏していました。今、もしも演奏するチャンスがあれば、技術的にはあの頃に及ばないとしても、少し練習をすれば、若い頃よりもはるかに質の高い演奏ができるのではないかと思います。その後、楽器を手にすることはなくとも、音楽は聴き続けてきましたし、音楽に対する理解度が、若い頃とは違います。

こんなふうに老いの価値を認めることができれば、後半生はもっともっと楽しくなる気がします。老いのポジティブな側面を体感するために、若い頃にやっていたことを、もう一度やってみてはどうでしょう。やってみたいと思っていたのに、これまでできなかったことにチャレンジしたり、まったく新しい世界に飛び込んでみたりするのもお勧めです。

若い頃に読んで難しいと感じた本、いつか読みたいと本棚に仕舞い込んでいた本を開いてみるのもいいでしょう。今ならもっと違う味わい方ができ、新たな発見もたくさんあると思います。

第二章

「でも……」の壁を越える

上ではなく「前」を目指す

世の中には、使い方によって、毒にも薬にもなるものがあります。その一つが「欲」です。お金、友人、地位や肩書き――。たくさん「持ちたい」という欲は、不安という名の副作用を伴います。何かを持った人は「もっと」と思うだけでなく、すでに持っているものを失うことを恐れるようになるからです。何かを持つことで幸福感を得られたとしても、それは持続しません。

逆に、「歳をとって、すっかり欲がなくなった」という人もいます。この場合の無欲は、時として無気力という合併症を引き起こし、それが身体的な衰えを加速することもあります。意欲を持ち続けることは、生きていく上でとても大切なことです。目標、夢、あるいは生きがいと言い換えてもいいでしょう。

日本には枯淡（こたん）の境地を美徳とする文化的土壌がありますが、意欲を枯らしてはいけないと思います。アドラーは、「人生は目標に向けての動き」であり、生きることは「進化すること」だと語っています。

人間は、いくつになっても進化できます。ただし、注意しなければいけないことが、一つあります。どこに向かって進化するかということです。

アドラーのいう進化は、上ではなく「前」に向かっての動きを指しています。つまり、**誰かと比べて「上か、下か」という物差しで測るのではなく、現状を変えるために一歩前に踏み出す**ということです。

新しいことにチャレンジするだけでなく、これまでやってきたことをコツコツ続けていくことや、日々の暮らしを楽しくするためのささやかな工夫も、大切な「一歩」です。

上ではなく、「前」を目指す——。これは意外と難しいことかもしれません。とくに若い頃は、他者との競争を前提として、「より優れた自分でなければいけない」と考えてしまいがちだからです。

今の自分よりも優れたいと思い、そのために努力をするのであれば、その努力は健全なものです。そこに他者との競争や勝ち負けを持ち込む必要はありません。勝ち負けや他者からの評価を気にして汲々とするのではなく、昨日できなかったことが今日はできた、という実感を持つことが大切です。

昨日の今日では実感しにくいとしたら、半年前、あるいは一年前の自分を思い起こしてみてください。どんなことでも、何歳から始めても、地道に続けていれば確かな変化の手応えがあると思います。

アドラーの言葉を借りるならば、これは「**健全な優越性の追求**」です。この嬉しい手応えは、人生に若々しいハリをもたらしてくれます。

厄介なことに、他者と比べて上下を測る物差しは、私たちの身近に溢れています。これを意識して手放さなければ、「勝った」「負けた」の自己診断に振り回されてしまいます。

まずは、他者と比べてしまっている自分に気づき、他者と比べないようになると、それだけで心が軽くなります。

引き算ではなく「足し算」で生きる

確かな変化・前進の手応えはあるのに、それを喜ぶことができず、夢や目標を投げ出してしまうケースもあります。

その原因の一つが「引き算」思考です。理想の自分からの引き算で今の自分を見てしまうのです。

この「引き算」思考は、モチベーションに大きく影響します。韓国語の勉強を始めて数年になりますが、もしも私が「通訳を介さずに、韓国語で講演できるようになる」ことを理想とし、そこからの引き算でしか今の自分の実力を評価できないとしたら、日々の楽しい勉強はたちまち苦行になってしまうでしょう。**他者との比較だけでなく、理想の自分と比べないこと**も重要です。

以前は講演の冒頭で挨拶(あいさつ)をし、自己紹介をするのが精一杯でしたが、今はもう少し話すことができます。もとより通訳の方の力を借りずに講演するにはほど遠いのですが、それでも、たとえわずかな進歩であっても、プラスの部分に注目する――。**理想からの減点法ではなく、自分が積み上げてきたことを加点法で評価する目を持つ**ことが、アドラーのいう「健全な優越性の追求」には必要です。

そういう視点で意識して探してみると、加点ポイントは意外と多いものです。もちろん、できないこともあります。特に齢(よわい)を重ね、身体的な衰えが顕著になると、そこに目が行って、自分の価値を減点してしまいがちです。

以前は颯爽(さっそう)と歩けたのに、最近はすぐに疲れてしまう。膝(ひざ)が痛くて歩けない。膝も、腰も、どこもかしこも痛くて情けない――。ここにも「引き算」思考が働いています。

若く、元気で、体力もあった「かつての自分」を理想として、そこからの減点法で今の自分を見ているのです。しかし、かつてのように颯爽と、長く歩くことはできなくても、散歩の習慣を続けてきたことで、例えばウォーキング仲間ができたとか、歩くスピードが落ちたとしても、ゆっくり歩くようになって、それまで気がつかなかった路傍(ろぼう)の草花や四季折々の匂いに敏感になったなど、視点を少し変えると、たくさんの「できる」が見つかるはずです。

私は五十歳の時に心筋梗塞(しんきんこうそく)で倒れ、一カ月の入院を余儀なくされました。その一年後、冠動脈のバイパス手術を受けましたが、全身麻酔(ますい)を施し、心臓を止め、人工心肺装置を使うような手術であっても、最近は病室に戻るとすぐにリハビリが始まります。

まずベッドから身体を起こし、傍らの椅子まで移動して、脈拍や血圧などのバイタル・チェックを受けました。手術したばかりですから、これだけでも大変です。

しかし、術後三日目にナースステーションまで歩いてみると、思いがけずしっかり歩くことができました。そこから徐々に歩く距離を延ばし、長く歩けるようになると、次は階段の昇降――。リハビリの日々は、まさに「昨日できなかったことが今日はできた」という一歩の連続です。

同じ手術を受けた他の患者さんと競争しているわけではありません。リハビリは、他者と比べることなく、加点法で「健全な優越性」を追求することができます。**誰かと比べなくても、毎日の小さな一歩が大きな喜びであり、それが励みとなって生きる意欲が湧いてくる**のがわかりました。

「でも」が口癖になっていませんか

「マラソンをしてもいいのでしょうか」

退院を間近に控えたある日、私は主治医にこんな質問をしました。すると、

「やってみてはどうですか？」

と、意外な答えが返ってきました。

私にとって、それが意外だったのは、バイパス手術をした身体でマラソンはさすがに無理だろう、と思っていたからです。自分の可能性を「きっと」無

理、できない「はず」だといった思い込みの枠にはめず、「できるかもしれない」と思ってみることの大切さを、主治医は教えてくれました。

　病気に限ったことではありません。老いを理由に、多くのことを諦めてしまってはいないでしょうか。

　アドラーは、「**誰でも、何でもなしとげることができる**」といっています。もちろん、できないこともありますが、最初からできないと諦めずに挑戦する価値はあります。「できるかもしれない」と自分の可能性を信じ、まずは一歩前に踏み出してみる。そうすると、思いがけずできるかもしれません。

「いつか」「そのうち」という人は、実は「いやいや、とても無理」と尻込みしている人と同じです。「やってみてはどうですか?」と提案しても、「はい、でも」(Yes...but) という答えが返ってくることがあります。これはするかしないかで迷っているのではなく、「しない」と宣言しているのです。

　この「でも」の壁を越えなければ、前に進むことはできません。

　私はカウンセリングで、会話の中で相手が発した「でも」の数をカウントす

ることがあります。その先に続く話――ほとんどの場合は言い訳になるわけですが、それを否定するのではなく、

「今日、三回目の〝でも〟ですね」

と伝えます。「でも」が口癖になっていることに、本人が自分で気づくことが大切なのです。

　試しに、今日の「でも」を数えてみてください。そして、どんなことに「でも」といっているのかを考えてみましょう。「でも」が多いと気づいたら、「でも」といいそうになった時に、その言葉をぐっと飲み込んでみる。そして、とにかくやってみる。思いがけずできるものです。

生産性で人の価値は決まらない

リハビリの話に戻りましょう。

自分ではかなり歩けるようになったと思っても、退院すると現実とのギャップに直面することになります。町を歩くと、いたるところに段差があり、歩道には微妙な傾斜もあります。病院内のように空調で気温や湿度が常時一定に保たれているわけではないので、さほど歩いていないのに疲れてしまうこともあります。

入院前、あるいは病気をする前のようにはできないことにショックを受けて、リハビリに熱心だった人が退院後に落ち込んだり、リハビリをやめてしまったりすることがあります。

病院が快適なのは、物理的にバリアフリーの環境が整っているからだけでなく、そこにいる間は競争から逃れることができるからです。自分だけが取り組むべき課題として「優越性の追求」に専心できるので、勝ち負けを考えなくていいということです。これは病院にいる時の幸せです。

そうだとすれば、解決策は一つ。退院してからも、入院中と同じように**他者との競争を意識しないで生きる決心をすればいい**のです。加点法で自分が「できる」ことに注目すれば、入院中に感じた喜びや幸せを、退院後も持ち続けることができます。

今の時代は、様々な場面で成果の大きさが問われ、人の価値を「生産性」によってのみ測るような言説を耳にします。仕事の場面では、確かに生産性も重要ですが、人の価値を生産性に置いてはいけないと思います。

病気をして、あるいは歳をとって、以前のようには働けなくなったという人もいるでしょう。昔は手際よく、もっと完璧に家事をこなしていたのに――と肩を落とす人もいます。しかし、そうした生産性に自分の価値を見出さなくていいと思えるようになると、いくつになっても、どんな状況にあっても、自分に価値があると思えます。

私はかつて、非常勤として週に一度、精神科クリニックのデイケアに勤めていました。その日は、利用者の方々と一緒に料理を作るというプログラムが組まれていました。

まずスタッフがメニューを決め、「材料を買いに行きましょう」と声をかけます。でも、腰を上げるのは六十人中、五人くらいでした。買い物を終えて、「では、一緒に作りましょう」といっても参加するのは十五人くらい。ところが、できあがって「さあ食べましょう」というと、みんな集まってきます。

しかし、そのクリニックでは、手伝わなかった人を決して責めたりはしません。今日は元気だから手伝えたけれど、来週は手伝えないかもしれないし、今週も来週も手伝えないかもしれない。それでいいのです。

買い物に行ったり、料理をしたりした人だけでなく、何もしなかった人も、おいしく食べることで料理をした人に貢献しているからです。働いた人も、働かなかった人が食事を楽しむことに貢献しています。

「働かざる者、食うべからず」ではなく、働ける人が、働ける時に働く。何もできなくても、それを「申し訳ない」と思う必要はありません。これが社会の健全なあり方であり、働かない人を責めず、働ける人は働くというこのクリニックは、健全な社会の縮図だと思いました。

今の自分にできることを活かし、自分がどんな状態であっても、そこにいる

だけで、生きているだけで他者に貢献できる。それがわかると、老いも病も恐くなくなります。

貢献しているという実感は、人生の幸福と深く結びついています。それは生きる糧（かて）であり、幸福の礎（いしずえ）です。次章では、この「貢献感」について掘り下げて考えてみることにしましょう。

第二章

「生きている」だけで人の役に立てる

「朝、目が覚める」ことに幸せを感じる

年齢を重ねると、様々な身体的衰えに直面します。どれほどメンテナンスに心を砕いても、身体の〝部品〟の経年劣化を止めることはできません。時には、目に見えない衰えが深刻な病となって立ち現れることもあります。それは不意に訪れ、生活を一変させる、まさに人生の一大事です。

私も経験しましたが、大病をするのは本当に辛いものです。病に由来する痛み、苦しさ、不自由や不都合の数々もさることながら、一番辛いのは「明日」という日がくることが決して自明ではなくなることでしょう。

私たちは、今日という日の次には、必ず「明日」がくると信じて生きています。数珠(じゅず)つなぎになった、その「明日」の先にあるのが「未来」です。

いまだこないけれど、いずれ必ずくる――。そう思うからこそ「今年は温泉

に行こう」とか「子どもが大きくなったら」「定年退職したら」と、遠い明日に思いを馳せるのであり、そうすることによって心を明るくすることができると思っているのです。

もちろん平生は、「明日はこないかもしれない」などと考えたりはしません。しかし大病をすると、今日の延長に明日があるという前提で思い描いた未来は、突如として雲散霧消します。

今日は確かに生きているけれど、その先に明日があるとは限らない。明日という日はくるかもしれないけれど、そこに自分は存在しないかもしれないのです。

「患者は無時間の岸辺に打ち上げられるのだ」

オランダの精神病理学者ヴァン・デン・ベルクは、そう記しています(『病床の心理学』早坂泰次郎・上野矗訳、現代社)。「昨日」までの平穏な時間も、未来につながる「明日」もない無時間の岸辺は、とても孤独な場所です。

十四年前の明け方四時頃、私は救急車で病院に運ばれました。

「心筋梗塞です。十人に二人は亡くなります」
気が動転していて私が聞き間違ったのかもしれないのですが、助かる見込みがまったくない状態であれば、おそらく医師もこんなふうに告知したりはしなかったと思います。それでも我が身に起きた変調が「死」に至り得ると知った私は、大きな衝撃を受けました。

当時、私は五十歳。娘は高校生で息子は大学に入ったばかりでした。子どもたちがこの先どう生きていくのか、自分は見届けられないかもしれない――。死ぬとは、なんと寂しいことだろうと思ったことを、今もよく覚えています。

幸い一命は取り留めましたが、明日がくることが自明ではなくなると、夜、眠りに就くのが恐くなりました。目を閉じて眠りに落ちると、もう二度と目が覚めないかもしれない。消灯後の病室で、ひとり死の淵を覗き込んでいるような気分でした。

眠れない夜を、私は睡眠導入剤でやり過ごすことにしました。睡眠導入剤の服用については賛否ありますが、死の恐怖と不眠で疲弊してしまっては元も子もないので、医師がすぐに処方してくれたのはありがたかったです。睡眠導入剤を飲むと、スイッチが切れたように、いきなり深い眠りに落ちます。朝、目が覚めると、それだけで幸せでした。

「今日も目が覚めた。少なくとも今日という日を生かされている！」

それは、病気をする前には感じたことのない喜びでした。

とはいえ、昼間は、本も読めず音楽も聴けません。最初の頃は、寝返りを自分で打つことさえ許されませんでした。

この状態は、一体いつまで続くのだろう。自分では何もできず、家族や周囲に迷惑をかけるばかり。こんな状態で生きている意味などあるのだろうか——と思いました。

事故で身体の自由を奪われた若い人も、介護を必要とする人も、同じような思いを味わうのではないでしょうか。

私たちは自分の価値や生きることの意味を「生産性」で考えてしまいがちです。死の恐怖の次に待ち受けていたのは、何もできない自分には生きる意味も価値もないのではないかという絶望感でした。

しかし、ある日ふと思ったのです。もしも、このような状態で入院しているのが自分ではなく、大切な家族や友人だとしたら――。

きっと、取るものも取りあえず病院へかけつけるだろう。そして、たとえど**んなに重態で意識がなくても、生きているだけでありがたい**と思うだろう。

ということは、自分もこうして生きていることが、それだけで他者の喜びになっているはずだ――。

そう思えるようになって、私は少しずつ平静を取り戻していきました。

今いる場所で何ができるのか

何もできなくなっても、人間としての価値が減じることはありません。そのことをしっかり心に刻む。そうすれば、老いや病気に直面しても、若くして大きな挫折(ざせつ)を味わっても、前を向いて「次の一歩を踏み出す勇気」が持てると思います。

入院中は、医師が一日一度回診にやってきました。何人もの入院患者を診るのですから、その日の体調や患部の経過を確認することが主眼の短い診察ですが、私の主治医は診察後、いつもベッド脇の椅子に腰をおろして、哲学の話、音楽や本のことなど長々と話し込んでいきました。

医師ばかりではありません。私がカウンセリングをしているということを知った看護師さんの中には、勤務時間が終わってから、あるいはわざわざ非番の日に病室を訪ね、相談にくる人もありました。

そうした時間は、私の〝心の予後〟に変化をもたらしました。医師や看護師さんの話に耳を傾け、求めに応じて自分の知識や考えを語ることで貢献できる。こんな状態でも、「自分にできることがある」「人の役に立つことができる」と気づいたのです。

やがて薬を飲まなくても、穏やかに眠りに就くことができるようになりました。明日、目が覚めたら、また誰かが訪ねてきて、その人の役に立てるかもしれない。明日という日はこないかもしれないけれど、それはそれとして、今日という日を、今日という日のために生きることができるようになったのです。

死の淵を彷徨（さまよ）ったことも、いずれは死ぬのだということも忘れて、「今日を生きている」ということは、なんと素敵なことだろうと思えるようになりました。

人間は誰しも一人で生きていくことはできません。**他者の役に立っているという「貢献感」は幸福の礎であり、生きる力になります。**そして、現に今「生きている」ということは、まだこの世界に自分のすべきことが残されている、ということです。自分が置かれている状況で、なお自分にできることはないだろうかと考えてみることで、幸せを実感できます。

特別なことをしなくても、できなくてもいいのです。生きていることで他者に貢献できますし、助けてもらうばかりだとしても、助けてもらうことで、助けている人が「貢献感を持つ」ことに貢献しているからです。

私が病気になった時、私を見舞って夜遅く帰宅する妻のために、高校生の娘は毎晩夕食を作ってくれました。老いて塞ぎがちだった父も、にわかに元気になり、私が退院する日は車で迎えに行くといってくれました。

私は家族に心配をかけましたが、図らずも家族の貢献感や意欲を引き出していたわけです。

のちに私が父を介護するようになった時、父がこんなことをいいました。

「お前がいるから安心して寝られる」

父はその頃は一日の大半を寝て過ごすようになっていて、私にできることは、ほとんどありませんでした。それでも、ただ傍にいるだけで父に貢献できていることを、私に教えてくれたのです。

「今日の話を三年前に聞いていれば――」

講演会で、私の話を聞かれた方からそういわれたことがあります。その方のお父さまは脳梗塞で倒れ、後遺症で身体の自由を失い、麻痺が完全には治らないことに絶望して、「死んだほうがましだ」と苦悶されていたそうです。

しかし、生きて一緒にいられることが家族にとっては大きな喜びであり、身体が動かないからといって、生きている意味も価値もないと考えなくていいのです。

「あの時、父にそう伝えることができていたら、父の晩年はもっと違ったものになっていたでしょう」

病気は「生き直す」きっかけになる

病気をすると、最初のうちは自分にしか意識が向かないものです。痛み、苦しさ、不安、死の恐怖――。とても他者のことを考える余裕などありません。貢献していると感じられるということは、意識が他者にも向けられるようになったということです。これは恢復(かいふく)の一歩です。

貢献感が持てると、他者とのつながりの中で生きていることに改めて思い至り、その中に幸せがあることにも気づかされます。

健康や幸福は、いわば空気のようなものです。失われて初めて、それがあればこそ生きることができていたということに気づきます。それまで自分の幸福を意識していなかった人も、自分は不幸だと思っていた人も、病気をすると昨日までの幸福を、文字通り〝痛感〟します。

大切なのは、その気づきや体験を、その後の人生にどう活かしていくかです。**病気は、生き直す契機になります。**

入院中、ある看護師さんにいわれました。

「病気を経験しても、治ると『助かった』で終わらせてしまう人もいますが、生き直すつもりで頑張りましょう」

生き直すという言葉は、恢復の途上にあった私の胸に新鮮に響きました。生き直すとは、新たな生を生きる、病をきっかけとしてよりよく生きるということです。

助かった――で終わらせてしまう人は、退院すると、以前の生活に戻ります。無理がたたって体調を崩したはずなのに、以前と同じ無理な働き方をしたり、健康を害する生活習慣を、引きずってしまったりします。

しかし、それでは苦しい思いをした甲斐がありません。病気をしたら、生き方が変わらなければならないと思います。私もあの時、病気をしなかったら、今とは違った生き方を続けていたかもしれません。

病気をしてよかったと思えるのは、「よく生きる」ことについての気づきが得られ、よい生き方に変えられたという実感を持てた時です。

命の使い方を考えよう

病気をせずに人生をまっとうできれば、それに越したことはありません。しかし、病気を経験したからこそ得られるものもあります。

それは人生に対する視座であり、日常の小さな幸せに気づいて感謝する心です。病気をするのは辛いものですが、だからこそ「病気をしてよかった」と思えるよう、病床での経験を活かしてほしいと思います。

ただし「病気をしてよかった」は、病床にある人に対しては、決していってはいけない言葉です。それは、出口の見えない葛藤（かっとう）の中で折れかけた心にヤスリをかけるようなものです。

「そんなに心配しなくても大丈夫」

「きっとすぐ元気になるから」

といった安易で、根拠のない恢復の予想、不用意な励ましも禁物です。

「本は書きなさい。本は残るから」

病床で原稿の校正ができるくらいまで恢復した頃、主治医からそういわれました。これも、闘病中の患者には普通いわない言葉かもしれません。「あなたは残らない」という宣告とも受けとれるからです。

しかし、医師は「本は残る」ということで、私の病が軽いものではないことをきちんと伝え、同時に「本は書きなさい」ということで、本を書けるまでに恢復できることも伝えてくれていたのです。本を書くことが、私にとっていかに大切なことか、医師はよくわかっていました。

ある日、テレビで宮沢和史（みやざわかずふみ）さんのコンサートを観ていた時、彼は聴衆にこう問いかけました。

「僕には歌がある。君たちには何があるか」

私は思わず「僕には言葉がある！」と応えていました。

身体に不安や不自由を抱えたとしても、本を書くことでメッセージを伝えていくことはできる。どんな状態であったとしても、他者への貢献はできる。現に今、生かされている私は、自分にあるものを活かし、自分ができる形で貢献していこうと思いました。「本は書きなさい。本は残るから」という言葉は、私に生きる勇気と目標を与えてくれたのです。

あれから十年余。私は医師の予想を裏切るほど元気になりました。嫌なこと、辛い思いをすることもありますが、それでも生きていてよかったと思います。生きながらえたからこそ嫌な思いもするわけですし、そこから新たな気づきを得ることもあるのですから。

大病して以降、私は毎年かなりの数の本を書いています。それが命をつないだ私の使命です。これからも、命ある限り書き続けたいと思っています。

もちろん、いつまで書き続けられるかは、わかりません。書けなくなった時に、だからといって自分に価値がなくなるわけではないことも、しっかり心に刻んでおきたいと思います。

第四章

「今、ここ」を大切に生きる

母は病床で「ドイツ語を勉強したい」といった

いくつになっても元気でいたい――。

これは万人の願うところでしょう。できることなら、病気はしたくない。命に関わるような病はなおさらです。

しかし、高齢になると、病を乗り越えても、そもそも病気にかからなかったとしても、余命はさほど長くありません。認知症になった父が、晩年「どう考えても、これから先の人生のほうが短い」といっていたことを思い出します。改まって父からこんなことをいわれると、もう長くは一緒にいられないのだと寂しい気持ちになりました。

先述の通り、私は五十一歳の時に冠動脈のバイパス手術を受けました。医師には「十年後に再手術することになるだろう」といわれましたが、その必要もなく、十四年目を迎えました。

幸い、今はおおむね息災に暮らしていますが、だからといって、これから十年先、あるいは二十年先のことを考えられるかと問われれば、やはりそれは難しい。血管は歳をとるほどに細り、脆(もろ)くもなります。長生きは望めないかもしれません。

しかし、そのこと自体は、私にとって大きな問題ではありません。**余命を考えたり、老い先の短さを憂えたりしてみても、自分ではどうすることもできない**ので不毛だと思うからです。

何につけても「生産性」と「残された時間の長さ」を考えるのが人の常です。仕事や家事を時間内に終えるにはどうすればよいかと頭を悩ませ、心を忙しくしています。速読術や時短レシピが流行(はや)ったり、外出前に目的地までの最短ルートを検索したりするのも同じ理由からでしょう。

こうした習いが性となり、歳をとると「できなくなったこと」や「あと何年生きられるのか」と、絶えず考えてしまうのです。

しかし、先々のことを思い煩っている時間は何も生みません。人生について考えることは大切ですが、残された年月を数え、人生をどうたたんでいくかということばかり考えて暮らすのは楽しくないと思います。

私の母は脳梗塞に倒れ、ほとんど身動きがとれない病床で「ドイツ語を勉強したい」といいました。やがて意識レベルが低下し、ドイツ語の学習が難しくなると、今度は本を読んで聞かせてほしいと頼まれました。

「あなたが学生の頃に、すごく面白いといって夏休みに熱中して読んでいた本。私はまだあれを読んでいなかった」

それは、ドストエフスキーの『カラマーゾフの兄弟』でした。

母が自らの余命をわかっていたかどうかはわかりませんが、普通なら「こんな状態では無理」「頑張っても無駄」と、いろいろなことを諦めてしまうのではないかと思います。そんな状況でも、たとえ先が見通せなくても、何かを学ぼうという気持ち、新しいことを始めようとする気力や意欲を失わずにいることに、私は驚嘆しました。

『カラマーゾフの兄弟』を読むことに、躊躇がなかったわけではありません。理由の一つは、そこに新約聖書のこんな一節が出てくるからです。

ひと粒の麦が、地に落ちて死ななければ、それは一つのまま。でも、もしもそのひと粒が死ねば、それは多くの実を結ぶだろう――。

これは『ヨハネ福音書』第十二章二十四節のイエスの言葉です。死を間近にした母に、この本を読んでいいのかと私は迷いました。でも、それが母の望みでした。

私はくる日もくる日も、ベッドの傍らにすわって本を読みました。うとうとして、聞いているのかいないのかわからない時間が次第に長くなりましたが、それでも読み続けました。

母は、残された時間の長さに囚われず生きたのだと思います。そして、そんな姿を見せることで、母は家族に貢献していたのです。

母の要望に応えることで、私は母のために自分を活かすことができました。もはや私の声が届いているかどうかさえ判然としないほど意識レベルは下がっていましたが、そういう状態にあっても、母は、私が貢献感を持つことに、貢献していたのです。

病床での母の姿を思い出し、私も入院中は毎日、懸命に本を読んで過ごしました。大量の本を持ち込んだので、私の病室は、まるで書斎のようでした。様々な義務から解放され、読みたい本を自由に読み耽る日々。こういう読書は、入院している時にしかできない楽しみだと思います。そんな楽しみに気づくことができたのも、母のおかげです。

人生はマラソンではなくダンスである

仏教学者の鈴木大拙は、親鸞の『教行信証』の英訳にとりかかった時、すでに九十歳を迎えていました。

翻訳というのは根を詰める仕事です。心身ともに大きなストレスを抱えることになります。年齢を考えると、志半ばで人生を終えることになったとしても不思議ではありません。それなのに、彼はこの難業を引き受け、なしとげました。

そうした依頼があれば、私も喜んで引き受けるつもりです。たとえ体調に不安があったとしても、その仕事がきっと生きる励みになるでしょう。

先々のこと、残された時間を考えることからは、何も生まれません。

しかし、多くの親は「将来のことをちゃんと考えなさい」と子どもを諭し、会社では「先々の展開を読んで、ちゃんと手を打っておけ」と教わります。なぜ、先々のことをそんなに案じるのでしょうか。

それは、時間や人生を一本の直線としてとらえているからです。

「あなたは今、人生のどの辺りにいますか？」

そう訊ねると、若い人は直線の始点に近いほうを、年配の方であれば終点に近いほうを指すでしょう。多くの人は時間や人生を、始まりと終わりがあり、不可逆的に終点へと向かう動き、ととらえています。

こうした動きを、アリストテレスは「キーネーシス」と呼びました。キーネーシスにおいては、どこに到達したか、何をなしとげたかということが重要になります。何事も、速やかに、効率よくなしとげられることが望ましく、動きが中断されたり、寄り道をしたりすると、それは未完成で不完全な動きということになります。

例えば、飛び級での進学やスピード出世は、キーネーシスの観点からいうと、望ましい動きです。一方、若くして亡くなった人の人生や、完走できなかったマラソンは、不完全で未完成な動きということになります。

しかし、**たとえどこかに到達しなかったとしても、そのプロセスの一瞬一瞬が完全であり、完成されたものである**と考えることもできます。この場合、時間や人生の長さは問題になりません。

「なしつつある」ことがすべて、そのまま「なした」ことになる動き。これがアリストテレスのいう「エネルゲイア」です。

エネルゲイアは、喩（たと）えるならダンスのような動きです。ダンスは、踊っている一瞬一瞬が楽しいのであって、踊り切らなければ楽しめないというわけでも、どこかに到達するために踊っているわけでもありません。

人生も、生きている「今、ここ」が、それ自体で完成されたエネルゲイアです。そういう生き方ができれば、老い先の短さを憂い、暗澹たる気持ちになることはないのです。

人生を先送りにしない

先々のことを案じるのは、「今、ここ」をなおざりにしている、ということでもあります。「今、ここ」を大事に生きていないから、先々のことが気になるのです。

遠距離恋愛をしているカップルにも同じことがいえます。久しぶりのデートで別れ際に「次はいつ会える?」と訊くのは、その日のデートに心満たされなかった人です。そういう人は、何とか次のデートの約束を取りつけ、先々の約束によって今日の物足りなさを埋めようとするのです。

恋人と楽しく充実した時間を過ごした人は、別れ際に、次に会う日のことを考えたりはしません。「今、ここ」にある幸せに意識を向けているので、先々の約束に過大な期待を寄せる必要がないからです。

エネルゲイアとしての生き方は、いわば**人生を先送りにしない生き方**です。生き方が変わると、人間関係も変わります。

例えば、高齢になって結婚したカップルや、親ほど歳の離れた人と結婚する若い人。彼らにとって「パートナーの死」は、いつ訪れてもおかしくありません。あと何年一緒にいられるかわからないのですから、ケンカなどしている暇はないのです。

パートナーと死別するのは、とても悲しいことです。だからこそ、一日一日を大切にしなければならないのです。

歳が離れていなくても、長年連れ添ってきたカップルも、パートナーが命に関わる病を患うと、一緒にいられる「今」という時間を大切にするでしょう。その気持ちを、病気をする前から互いに持つことができれば、二人の関係も、人生のあり方も、よりよいものになるはずです。

「無限の時間がある」と考える

人間は、いつまでも若くあれるのか――。

この問いに対し、フランスの哲学者ジャン・ギトンは、「自分の前に永遠があると考える限りは」と答えました（『私の哲学的遺言』二川佳巳訳、新評論）。

では、自分が老いていると感じる人は、どうなのか。ギトンはいいます。

「たぶん、彼らは永遠を信じていないのでしょう」

永遠を信じるとは、自分には無限の時間がある、と考えることです。人間の生は、決して無限ではありません。しかし、余命に関係なく、「今、ここ」で自分にできること、しなければならないことだけを考えて生きれば、いつまでも若々しい心で、悠々と生きることができます。

哲学者の森有正（もりありまさ）も、日記にこう書き残しています。

「あわててはいけない。リールケの言ったように先に無限の時間があると考えて、落着いていなければいけない。それだけがよい質の仕事を生み出すからである」（「日記」『森有正全集 第13巻　日記』筑摩書房）

先述の鈴木大拙のエピソードは、まさにこの好例でしょう。無限の時間があると考えて翻訳に取り組み、なしとげましたが、たとえ未完に終わっていたとしても、彼の人生が不完全であったわけではないのです。

京都大学の西洋中世哲学史研究室では、週二回、トマス・アクィナスの『神学大全』を読んでいます。これはラテン語で書かれた本ですが、想像を絶するほど長い。

「読み終えるには、二百年くらいかかるでしょう」

そう語っていた教授は、すでに亡くなられましたが、今も読み継がれているはずです。気の遠くなるようなプロジェクトですが、大切なのは、目の前の一行一行と向き合う時間や、そこから何を得たかであり、読み終わるかどうかは重要ではないのです。

いくつになっても、自分には無限の時間があると考えて、悠然と生きたいものです。それが、永遠を信じ、人生をエネルゲイアとして生きるということです。

無限の時間があるといわれても、にわかには腑に落ちないかもしれません。しかし、残された時間は短いと考えて、指折り数えながら生きるのと、いつか終わりはくるけれど、それはそれとして、今日という一日を精一杯生きるのと、どちらが幸福でしょうか。

これまでずっとキーネーシスとして人生を生きてきたのに、この歳になって、いきなり発想を転換するのは難しい、という人もいるでしょう。長年の思考の癖や習性から抜け出すのは、簡単なことではありません。

「神よ願わくばわたしに変えることのできない物事を受けいれる落ち着きと、

変えることのできる物事を変える勇気と、その違いを常に見分ける知恵とをさずけたまえ」(『スローターハウス5』カート・ヴォネガット・ジュニア著、伊藤典夫訳、早川書房)

これはキリスト教社会で口承されてきた「ニーバーの祈り」の一節です。変えられないものに執着するのではなく、目の前の変えられるものを直視する。老いを幸せに生きるヒントが、ここにあります。

余命は誰にもわかりません。この事実は変えられない。**変えられるのは、私たち自身の見方の意識**です。老いる勇気――老いた「今」を幸せに生きる勇気とは、**人生の見方をほんの少し変える勇気**なのかもしれません。

老いが私たちにもたらすものは、病や衰えばかりではありません。介護をしたり、されたりという問題も出てくるでしょう。身近な人の死に遭遇し、それを乗り越えるという試練にも直面します。

そんな時も、ほんの少し見方を変えると、心に救いの光が射すものです。

第五章

執着があってもいいではないか

人はなぜ死を恐れるのか

老いや病が心を揺さぶるのは、その先に死が見え隠れするからです。しかし、生きとし生けるものは唯一つの例外もなく、いずれ必ず死を迎えます。

「死は、もろもろの悪いもののうちで最も恐ろしいものとされているが、じつはわれわれにとって何ものでもないのである。なぜかといえば、われわれが存するかぎり、死は現に存せず、死が現に存するときには、もはやわれわれは存しないからである」

これは、ギリシアの哲学者エピクロスの言葉です（『エピクロス 教説と手紙』出隆・岩崎允胤訳、岩波書店）。

生きているうちは「死」はなく、死んだ時には、もはや「生」はない。だから、死は恐れるに足らない――と説いているのですが、現実はそんなに簡単ではありません。

確かに、私たちは自らの死を〝経験〟することはできません。つまり、生きている間に考える死は〝観念〟です。

しかし、自らの死は経験できなくても、私たちは生きている間に、様々な死に遭遇します。近親の死、ニュースが報せる死――。

齢を重ねると、同世代の友人の訃報を受け取ることも増えます。同窓会は、亡くなった同級生への黙禱から始まります。死は「何ものでもない」といわれても、生の中にすでに入り込んでいるのです。

生の中に入り込み、生きているうちに多くの人の死を見聞きもするのに、それが何であるかは、誰にもわかりません。わからないけれど、それは、いつの日にか我が身にも訪れることを、誰もが知っています。

正体が見えない、つかみどころのないものには恐怖を感じます。生の先に待ち受ける死を恐れ、忌み、逃れようともがき苦しむのは、それがどんなものなのかわからないからです。

みなさんは「死」について、どのようなイメージを持っているでしょうか。

大きな会場で講演をする時、私はマイクを使います。このマイクに接触不良などの不具合が生じると、雑音が入ったり、音声が途切れ途切れになったりして、私の言葉は聴衆にきちんと届きません。

喩えていうなら、これは病気の状態です。マイクは人間の身体のようなものです。係の人が不具合を解消してくれると、私は聴衆と再びつながることができます。これが、病気が治ったということです。

しかし、時には一時的な故障ではなく、マイクが完全に壊れてしまう場合もあります。もはや元には戻らない、永遠に断線してしまったマイクは、身体の死を意味します。そうなると、私の声は二度と聴衆には届きません。

しかし、壊れてしまった「マイク」と、聴衆に語りかけている「私」は別です。マイクが壊れると声は届かなくなりますが、私は話し続けている。現実の死にも同じことがいえます。

大切な人の心の中で生き続ける

私たちは、亡くなった人の言葉を耳で聞いたり、話している姿を目にしたり、その手に触れたりすることはできません。しかし、それは故人を〝知覚的〟に知ることができないだけで、その人の書き残したものを読んだり、あるいは、その人が語った言葉を思い出して反芻（はんすう）したりすれば、その人の考えや気持ちに〝心〟で触れることはできます。

生きている作家の小説は新刊が出れば読めますが、作家が亡くなると新しい作品を読むことはできなくなります。しかし、すでに書かれたものを読み返すと、読むたびに新しい発見があったり、その人の別の一面に気づかされたりするものです。それは、その人を〝感じ続ける〟ことであり、その人が私たちの心の中で生き続けているということでもあります。

亡くなった人のことをありありと思い出している時、まるでその人が今ここにいるかのように感じることはないでしょうか。亡くなった人と、夢の中で会うこともあるでしょう。私は、五年近く前に他界した父の夢を、今も時々見ます。そのような時、脳のどこかにあったセピア色をした古い記憶が再生されるのではなく、亡くなった人自身が蘇(よみがえ)るのです。

そうだとしたら、自分も同じように戻ってくることができるかもしれません。**生者と死者とが、そうしたつながりを持ち続けることができるという意味で、人間は不死でいられます。**

もちろん、誰にもわからないことですが、死んでも魂はなくならないのではないかと私は考えています。亡くなった人の魂は、今もきっと話し続けています。その声に私たちは耳を傾けなければならないし、その人が一体何をいいたかったのか、生きていたら何というだろうかと、絶えず考えなければならないと思います。

そのように考える中で、亡くなった人が生きている私たちを励ましてくれることがあります。その意味で、人間は死後も貢献することができるのです。

東日本大震災の後、東北の各地で講演する機会がありました。ある時、最前列にすわっていた男性から質問を受けました。彼は震災で母親を亡くし、防波堤建設のために立ち退きを強いられ故郷もなくしたと語り、「これから私は、一体どう生きていけばいいのでしょうか」と、泣き出されました。

私は、亡くなった人の魂の声を聞き続けることはできるということや、亡くなった人はいつも生者の近くにいるという話をして、さらに高山文彦（たかやまふみひこ）の小説『父を葬る（おくる）』（幻戯書房）にあった一節を紹介しました。

「あの世とは、よかとこらしいじゃないか。行ったきり、ひとりも帰って来たもんはおらん」

亡くなった後、この世に戻ってきた人は、いまだかつて一人もいません。ということは、もしかすると、あの世は意外にいいところなのかもしれません。

それを聞いた男性は驚き、笑いながらいいました。

「逝ったきり私の元に帰ってこない母も、きっと今、とてもいいところにいるのでしょう。だったら私も、一日も早く母のところへ行こうと思います」

私は、「急ぐことはありません。お母さまは、いつまでも待っておられますから」と答えました。「あなたには、まだこの世での仕事が残っています。仕事を終えてからでいいのです」。

あの世がいいところかどうかは、誰にもわかりません。でも、そんなに恐いところではないのかもしれません。そう思ったのは、冠動脈のバイパス手術をした時のことです。

無事に手術を終え、全身麻酔から覚めた時に私が感じたのは、心地よい眠りを邪魔されたような不快感でした。気管に挿入されていた管を抜かれ、異物が除かれて「ああ、ラクになった。生き返った！」という安堵感よりも、「邪魔しないでくれ」という気持ちのほうが強かったのです。ということは、全身麻酔で意識がない状態は、それなりに心地よかったのだと思います。

麻酔が効いていたわけですから、心地いいと〝意識〟できたわけではなく、これはいわば身体の記憶です。誰にもわからないことではありますが、死とは、夢のない眠りのようなものなのかもしれません。少なくともそんなに恐いこと、不愉快なものではないのかもしれないと、その時に、ふと思いました。

死後に帰ってゆくべきところ

死後の世界は、あながち悪いものではないかもしれないと想像してみても、やはり大切な人と別れるのは悲しいことです。思い出すたびに胸が塞ぎ、なかなか立ち直れません。

でも、先に逝った自分のために家族や友人がいつまでも悲しんでいると知ることは、亡くなった人にとって決して嬉しいことではないと思います。

どんなに悲しくても、私たちは立ち直っていかなければいけません。立ち直って、前を向いて生きていかなければいけない。それが、亡くなった人にとっての喜びであるはずだからです。

「もし私が彼等と再会することができる――これは私の最大の希望である――とすれば、それは私の死においてのほか不可能であろう」

これは哲学者の三木清が『人生論ノート』（新潮社、KADOKAWA）に記した一文です。〝彼等〟と書いていますが、三木が念頭に置いていたのは、死別した妻・喜美子さんのことだと思います。

自分が生きているうちは、どんなに願っても妻との再会は叶わない。しかし、自分が死ねば、再会できる可能性は、少なくともゼロではない。そうだとしたら、死は否定的にばかり考えるべきものでもない、といいたかったのでしょう。

喜美子さんの一周忌に編んだ追悼文集（「幼き者の為に」『三木清全集 第十九巻』岩波書店）の中で、三木は「倶会一処」という仏教の言葉を引き、「私達はやがては一つの処で倶に会することになるのだ」と綴っています。慌てずとも、いずれまた会えると考えることは、悲しみや死への恐れを鎮める助けになるでしょう。

さらに死への備えとして、三木は「どこまでも執着するものを作る」ことを挙げています。

普通は、執着するものがあると死ぬに死ねない、死んでも死に切れない、と思うものです。しかし、三木は、「執着する何ものもないといった虚無の心では人間はなかなか死ねないのではないか」と問いかけ、「深く執着するものがある者は、死後自分の帰ってゆくべきところをもっている」といいます。

執着があってもいいではないか、ということです。確かに、執着してはいけないと自らを縛るよりも、**執着してもいいのだと考えたほうが、かえって執着する気持ちから自由になれます。**

何に執着するかは人それぞれだと思いますが、親にとって子どもの存在は、その最たるものでしょう。私も心筋梗塞で倒れた時、真っ先に思い浮かんだのは、やはり子どもたちのことでした。子どもたちの行く末を見届けられないことが残念でなりませんでした。

深く執着するものがあると、それは生きる力になります。同時に、それは死ぬ力にもなる、と三木はいっています。「帰ってゆくべきところ」とは、思いを残した人のこと。三木自身が深く執着し、死後に自分の帰ってゆくべきところとしたのは、幼くして母を亡くした一人娘の洋子さんでしょう。

「私に真に愛するものがあるなら、そのことが私の永生を約束する」

身体は死しても、洋子さんの心の中で自分は生き続ける。**不老不死の妙薬はなくとも、心を尽くし、深く執着しながら今をしっかりと生きていれば、大切な人の心の中で人は生き続けることができる**といっているのです。

ソクラテスの最期

プラトンの対話篇である『パイドン』には、ソクラテスの最期が詳しく記されています。死刑を宣告されたソクラテスは、死刑執行のその日も、仲間と魂の不死について語り合った後、獄中で毒杯を仰いで、静かに死を迎えました。

どんなに死を恐れている人も、最期は平らかな心で、静かに永遠の眠りに就きたいと思うものです。私も、できることなら静謐に死にたいとは思います。しかし、立派に死ななければならないかというと、そんなことはないでしょう。

動揺し、混乱して、じたばたしてもいい。日本には、散り際の潔さを称賛する美学・風潮もありますが、**生き方が人それぞれ、いろいろであるように、死に方や死に際にもいろいろな形があっていい**のではないでしょうか。じたばたとあがくのは恥ずかしいなどと思う必要はないのです。

死に方や死に際に、ことさら注目すること自体にも疑問を感じます。その人の人生が短くても、自ら命を絶ったとしても、そこにばかり焦点を当てて、その人の生涯を見たり語ったりしてはいけないと思います。もちろん、それは決して小さな出来事ではありませんが、それがその人を語る上で唯一無二のエピソードではないはずです。

私の母は、五十歳に手が届く前に他界しました。しかし、平均寿命に遠く及ばない母の人生が、未完成であったわけでも、かわいそうなものだったわけでもありません。

どんな人の人生にも、多くの出来事や喜怒哀楽があったはずです。そこに注目し、生の充実に心を向ける目を持っていれば、自分の人生についても「あと何年生きられるだろうか」と、人生の最期ばかりを気にして汲々とすることはないと思います。

今をどう生きるか

プラトンは、「死を恐れるということは、知らないことを知っていると思うことだ」というソクラテスの言葉を伝えています（『ソクラテスの弁明』）。知らないのに、あたかも知っているかのように、死は恐いものだと決めつけているけれども、すべての善きものの中で最大のものかもしれません。

どんなに考えても知りえないのだとしたら、**わからない死を、そのまま受け入れるほかありません。わかろうとしたり、思い煩ったりする必要はない**のです。これは決して刹那主義ではなく、地に足をつけて「今、ここ」を生きるための賢明かつ現実的な処し方だと思います。

そもそも、死がどういうものであろうとも、それによって今の生き方が変わるということは、あってはいけないと思います。

「どうせ死ねば何もなくなるのだから」と自暴自棄になっていいわけはありませんし、死後の報いにのみ心の目を奪われてもいけません。生きている時は、生きている「今」に焦点を当てて考えるべきでしょう。

いつも死のことばかり考えていると、生きることが疎かになってしまいます。死のみに意識を向けることで眼前の課題から逃げている、あるいは問題を転嫁する態度ともいえます。

過剰に恐れて背を向けるのでも、死に心を囚われてしまうのでもなく、「死の平和」を感じることで初めて人間はよく生きることができる、と三木は語っています。先々のことばかり考えて、「今、ここ」にある可能性や幸福をふいにしてしまうのは、もったいないと私も思います。

作家や画家の人生を辿ると、最晩年まで精力的に創作活動を続け、絶筆が大作であったり、それが代表作の一つになったりすることも珍しくありません。哲学者も然り。没年八十と伝えられるプラトンも、「書きながら死んだ」といわれています。

死の間際まで書き続ける——そんな生き方が理想だと、瀬戸内寂聴（せとうちじゃくちょう）さんもインタビューで語っておられました。最期まで自分にできる何かに全力を尽くし、その最中に、ふと人生が終わるというのは、確かに一つの理想かもしれません。

どういう死を迎えるかは、つまり今をどう生きるかにかかっているのです。死を連想させる老いや病を経験しても、むやみに心を乱されたりしないためには、「今、ここ」にある幸福に、しっかりと目を向けて生きることが大切です。

三木清は、幸福が〝質〟的でオリジナルなものであるのに対し、成功は〝量〟

的で一般的なものだといっています。成功とは、人と比べたり、数値で表したりできるものであり、出世、昇給、評価や成果は、その最たるものです。

こうした量的な成功を阻むのが老いや病気であり、死です。成功や期待は失われたり、裏切られたりすることもありますが、幸福や希望は、失われることはないということです。

幸福や希望については、後章でもう少し掘り下げていきたいと思います。

第六章

「大人」でなければ介護はできない

老いた親との関係が一番難しい

ひたひたと押し寄せる老いの波が、人を、そして日々の暮らしをどのように変えていくのか――。身をもってそれを教えてくれるのが親です。「百聞は一見に如かず」といいますが、親を介護していると、これが老いるということなのかと思い知ることになります。

自らの衰えもさることながら、親の老いを目の当たりにするのは切ないものです。足元がおぼつかなくなり、ジグソーパズルのピースが一つ、また一つと欠けていくように記憶が失われ、やがて日常生活に様々な困難が生じてきます。

そうなった時に、どのようにケアの態勢を整えていくかということも重要ですが、実は一番難しくて、意外に見落とされがちなのが、老いた親とどう向き合い、どのように接するかということです。

介護によって心労を抱えることになるのは、親には幸せな晩年を過ごしてほしいと願うからこそです。そのために、できる限りのことはしたいと思いつつも、終わりの見えない介護の日々に心が塞ぎ、精神的に追い詰められていく人が少なくないのが現実です。

そうなると、幸せであってほしいという気持ちとは裏腹に、親に声を荒らげてしまったり、口論になって後味の悪い思いをしたりすることになってしまいます。

アドラーは、**「すべての悩みは対人関係の悩みである」**と語っています。介護の悩みも対人関係の悩みです。しかも、老いた親との関係は、対人関係の中で一番難しい。なぜなら、どんな関係よりも近く、かつ関係の歴史が長いからです。

いかなる対人関係も、どちらかが歩み寄らなければ変わりません。とはいえ、他者を変えることはできない。相手を変えられないとなれば、自分が変わるほかありません。介護が必要となった親との関係も、**まずは「自分が変わ**

る」と決心する。これが第一歩です。

何度も同じ話をしたり、わがままをいったり、時にはこちらを困らせることもあるでしょう。しかし、老いた親に残された時間、自分が親といられる時間はそう長くはありません。腹を立てている暇はないのです。必要なのは、そういうことにいちいち腹を立てない覚悟であり、現実を受け入れる勇気です。

「大人」であるための三つの要件

巷（ちまた）にはアンチエイジング情報が溢（あふ）れています。健康寿命を延ばすには、毎日歩いたほうがいい。食事はバランスよく、高齢者こそ肉を食べたほうがいい。手を使うことをすると、認知症の予防になり進行を遅らせる効果があるらしい――等々。

健康によいといわれれば、親に勧めたくなります。しかし、それをするかどうかは、親が決めることです。「なぜ、やらないのか」「あなたのためを思っていっているのに」と押し付けるのは、相手を変えようとする言動、態度です。押し付けられたと感じた親は、子どもの提案に従えば負けたことになります。負けないために、親が子どもの提案を受け入れないようなことがあれば、親のためになりません。

相手を変えるのではなく、自分が変わる。どう変わればよいのかというと、ひと言でいうなら「大人になる」ということです。

大人であるためには三つの要件があります。一つは、**自分の価値を自分で認められること。**自分がしたことや自分の存在価値を、他者からの評価に関係なく、自分で認め、価値があると考える。誰かにほめられたり、認められたりすることを求めない、ということです。

親から「ありがとう」と感謝され、周囲から「大変でしょう」「親思いですね」とほめられることを期待する気持ちがあると、介護は辛いものになります。親が感謝するとは限らず、周囲の人も努力を認めてくれるとは限らないからです。

　大人になりきれていないと、評価されたり、認められるために無理をします。ところが、期待したほどの評価が得られなかったり、認められないと、「私はこんなに頑張っているのに！」と、攻撃の矛先を親や周囲に向けて、関係を悪化させることになります。

　自分が決めなければならないことを、自分で決められる。これも、大人であるための大切な要件の一つです。

　小学生の頃、校区の外れに住んでいた私は、学校から戻った後に、また遊びに出かけるということはありませんでした。ところが、ある日、友だちから「遊びにこないか」と電話がかかってきました。親の許可を得ないといけないと思って、近くにいた母に、行ってもいいかと訊くと、「そんなことは自分で決めていい」といわれ、驚いたことを覚えています。

　確かに、友人宅に遊びに行くかどうかは私の課題であって、母の課題ではありません。自分で決めなければならないことです。自分の課題は自分の責任において選び、決断して、遂行(すいこう)しなければならないということを、その時私は学びました。

老いた親に対して、自分は何ができるか、何をするかということも、自分で考え、自分で決めるべき事柄です。「普通は」「みんなも」しているから、もしくは「こうすべき」「したほうがいい」と誰かにいわれたからするというのでは困ります。

自分の課題を自分で決められるということは、相手が自分の課題を自分で決めることを尊重できるということでもあります。介護において、これは重要なことです。老いをどう生きるかを決めるのは、親本人です。親の課題に土足で踏み込み、子どもである自分の理想や希望を強いるようなことがあってはいけません。

老いても矍鑠(かくしゃく)として、日々を楽しく、充実して生きてほしい。孫たちにも優しく、寛大で、手本となるような振る舞いをしてほしい——など、親に理想の姿を求めてしまうのは、大人であるための三つ目の要件、「**自己中心性からの**

脱却」ができていないことにも起因します。

私たちは皆、共同体の一部ではありますが、共同体の中心にいるわけではありません。〝私〟は他の人の期待や要求を満たすために生きているわけではありませんが、他の人も〝私〟の期待や要求を満たすために生きているわけではないのです。

親子も一つの共同体であり、親も子も、その一部です。どちらかが中心にいるわけではないのだと知り、そう自覚して互いに接することは、介護の肝要です。互いの理想や期待をぶつけ合えば、どちらも無用なフラストレーションを抱えることになり、介護は早晩立ち行かなくなります。

ありのままの親を受け入れる

他者の評価・承認を求めず、自分と親との課題をきちんと分けて考え、親は自分の理想や要求を満たすために生きているわけではないと知る——。この三つの要件を満たした〝大人〟になることは、**ありのままの親を受け入れることができる**ようになる、ということでもあります。

誰でも、相手が自分に理想の姿を求め、そこからの引き算でしか現実の自分を見てくれないのは嬉しくないものです。子どもが自分をどのように見ているか、受け入れているかは親に伝わります。

ありのままの親を受け入れることが、親を尊敬するということです。尊敬していれば、何かを無理強いしたり、ぞんざいな言葉を投げたりはしないはずです。

何かができなくなった親を「かわいそう」だと思うのも、逆に、何かができた親をほめるのも、ありのままの親を尊敬していないということです。ほめるという行為は、〝上から目線〟で自分の理想を親に押し付ける言動であり、「かわいそう」だと思うのも、実は上から目線の感傷だということに気づく必要があります。

様々なことができなくなる親の姿を見るのは辛いことです。我が身の行く末を見ているようで、思わず目を逸らしたくなることもあるかもしれません。

しかし、失われたものや「できなくなった」ことではなく、今「できる」ことに注目し、できるのに「やろうとしない」としたら、それは親の意志、選択だと受け止めたいのです。目の前の親を、こうあってほしいという「理想の親」や、元気だった「かつての親」と比べない――それだけでも、接し方は大きく変わるはずです。

一緒にいられるだけでありがたい

今の親子関係に欠けているのは、「ありがとう」という言葉だと思います。親から「ありがとう」といわれることはないかもしれません。しかし、自分も親に、「ありがとう」と伝えていないのではないでしょうか。

ちょっとしたことであっても「ありがとう」といわれれば、親は自分が家族の役に立っていると感じ、自分に価値があると思えます。親と一緒にいられるというだけで、十分にありがたいことです。今、こうして一緒にいられることに対して、「ありがとう」と思えれば、大抵のことは乗り越えられます。

ありがたいとは、「有ることが難しい」ことをいいます。つまり、滅多にない、稀(まれ)なることだ、ということです。介護の日々は、おそらく覚悟していた以上に厳しいものでしょう。

しかし、感謝の言葉を声に出して不断に伝え、いつかはくる別れのその時まで、毎日を大切に、仲良く生きていこうと決心すれば、心に波を立てることなく、よい関係を紡(つむ)いでいくことができます。

人間は、ともすると物事の〝闇〟のほうにばかり目を向けがちです。親を介護するために自分は仕事や自分の時間を犠牲にしているとか、どんなに頑張っても親はどんどん衰えていく――と、ネガティブな側面に心を奪われてしまうと、眼前にある物事のよい面に気づけなくなります。

私も、脳梗塞で倒れた母を看病するために大学院を三カ月間離れ、後にはアルツハイマー型認知症を患った父の介護で、思うように仕事ができない時期がありました。そのことに焦り、戸惑い、鬱々とした気持ちになったこともあります。

しかし、もしも私が大学院生ではなく、就職して会社勤めをしていたとしたら、当時二十五歳の私は入社したての新人ですから、三カ月も仕事を休んで母の最期に寄り添うことはできなかったでしょう。

父が介護を要するようになった時も、たまたま私自身が病後の療養のために自宅で仕事をしていた時期と重なっていました。だからこそ、毎日父の家に通い、長い時間、傍にいることができたのです。巡り合わせで人生のこの時期に親の看病、介護ができるのは幸せなことだと思いました。

このようにポジティブな側面に光を当て、これが私の人生なのだと覚悟が据わってからは、ずいぶんと気が楽になりました。

「この話、前にもした？」

介護をしていると、悲しくなったり、うんざりしたり、ムッとしてしまう場面があります。同じ話を何度も聞かされる、というのもその一つでしょう。

老いた親が何度も同じ話をすると嘆く人がいます。しかし、同じ話をする人はいません。「またか」と思って聞けば、同じ話にしか聞こえません。

話のあらすじは同じであっても、よく聞くと細部は毎回、微妙に異なっているものです。その微妙な違いは、その人の「今」を反映していますから、親の心情や関心事を知る重要な手がかりになります。そうした違いに注目して話に耳を傾け、微妙なサインを見逃さない――それが「話を聞く」ということです。

繰り返し語られる話は、親にとって重要なことです。なぜ、そのことに執着しているのかと考えてみることも、親の今を理解する一助になります。

精神科医をしている私の友人は、小さい頃から、お祖母さまの話を聞くのが好きだったといいます。同じような話が繰り返し語られるわけですが、お祖母さまが「この話、前にもした？」と訊ねると、彼は「うん、前にも聞いたけど、おばあちゃんの話は何回聞いても面白い」と答えたそうです。

初めて聞くつもりで、面白そうな話だと思って聞いてみてください。話が弾み、いつもとは違う親の表情が見られるでしょう。

人間の記憶は、無意識のうちに編集されています。親の話も日々新たに編集が加えられ、新たなエピソードが挿入されたり、詳しく語られていた部分が割愛されたりもします。

私たちの記憶も同じです。私は父と落ち着いて向き合えるようになった頃、父がカメラ好きで、よく写真を撮っていたことを思い出しました。ほとんどは風景写真でしたが、父のアルバムの中に、二人でどこかに出かけた時に父が撮ってくれた私の写真を見つけました。

齢を重ねるに連れて、私と父との間には深く険しい溝ができ、父と二人きりで出かけたことがあったことさえ忘れていました。しかし、父との関係が変わってきた時に、一枚の写真をきっかけとして、なぜかふと思い出されたのです。

さらに、父が愛用していた二眼レフカメラを分解して、壊してしまったことも思い出しました。その時、父がどうしたかは覚えていないのですが、私は父に叱られなかったと思います。実際にはひどく叱られたのかもしれませんが、私がカメラの仕組みに興味を持ち、自力で解明しようとしたことに父は注目し、その行動を尊重してくれたのではないかと今は思えます。

これも父との関係が変わったからです。何十年も前の出来事を掘り起こしたり、その背景を洞察したりすることができるのですから、記憶とは不思議なものです。

親が覚えていることや忘れていることも、「今、ここ」の心情や家族との関係のあり方によって編集されていると考えれば、再編集することも可能であるということです。**「こんなことまで忘れてしまったなんて」と嘆くより、自分が変わり、親との関係を変える努力をしたほうが、現実的かつ建設的**だと思います。

妄想を否定すると症状は悪化する

妄想は、認知症によくある症状の一つといわれます。大事なものを盗られた、自宅にいるのに「家に帰りたい」といって出かけようとする——。しかし、それが明らかに妄想だとわかっても、本人が危険にさらされるのでなければ、否定することはないと思います。否定すると、症状が悪化してしまうからです。

こんな話を聞いたことがあります。二人暮らしの老夫婦の話です。

ある夜、おじいさんが「今晩、真夜中に借金取りがくる」といい出しました。そんなことは、実際にはあり得ないのですが、おばあさんは「それは大変。これからお客さまがいらっしゃるのなら、家を掃除しましょう」といって、二人で掃除を始めたのです。しばらくすると、おじいさんは「なんだか眠くなってきた。おやすみ」といって寝床に入っていったそうです。

おばあさんは、適切に対処されたと思います。借金取りがくるという話を、妄想だとすら思っていなかったかもしれません。妄想のある夫に対処しなければというふうにも考えていなかったでしょう。

お客さまがこられるのなら家の中をきれいにするという、この方には当然のことをされたのだと思いますが、ともあれ、本人に危険が及ばないのであれば、現実の世界に引き戻そうとするのではなく、親が生きている世界に、こちらから入ってみてはどうでしょう。物語を共有し、穏やかに見守ることができれば、親も次第に落ち着きを取り戻します。

これは、認知症の人ばかりではありません。私はかつて精神科医院に勤めていましたが、**妄想を訴える人は、話を否定されればされるほど症状が深刻化します。**そういう時は「そんなはずはない」「あり得ない」と否定せず、「そうなんだ」と思って話を聞きます。

精神科医の友人は、盗聴器を仕掛けられたと訴える患者さんと一緒に、天井裏を埃まみれになって探したことがあるといいます。もちろん、盗聴器は出てきませんでした。しかし、友人が「まだどこかにありそうな気がするのではないか」と患者さんに問うと、「まだありそうな気がする」と答えたので、友人は「この壁の裏かもしれない」とハンマーで壁を壊そうとしました。すると、患者さんのほうが驚いて止めに入り、以後、その妄想はぴたりとやんだそうです。

忘れてしまったことを指摘しない

認知症の親の記憶違いや思い違いが、家族には妄想のように思えることもあります。認知症は脳の病気ですが、何を忘れ、何を、どのように記憶に残しているかについては、自分で選んでいます。

本人が思い出したくないから、あるいは忘れる必要があって忘れているのだとしたら、**忘れていることをあえて指摘したり、無理やり思い出させようとしたり、記憶を正したりしてはいけない**と思います。

認知症を患った私の父は、晩年、自分の妻——つまり私の母のことを覚えていませんでした。しかし、齢八十を過ぎた父が、かつて自分が結婚していたことや伴侶を四半世紀も前に亡くしたこと、以来ずっと一人で暮らしてきたということを覚えていることが、私には幸せなこととは思えないのです。

おそらく父は思い出したくなかったのだろうと思います。アルバムの写真を見せても、父が母のことを思い出さないことに私は驚きました。過去を失っていく親を見て辛くなったのを覚えています。それは、親と共に歩んだ歴史や、その中に生きてきた自分の存在も消されていく気がしたからです。

認知症が進み、介護が必要になった父から「お前、いつになったら結婚するんだ」といわれたことがあります。とうの昔に結婚して、私の妻も父の介護を担ってくれていたのに、私がまだ結婚していないと思っていたのです。

しかし、なぜそんなことを訊くのかと問うと、「お前が結婚しないうちは、死ねない」という答えが返ってきました。「とっくに結婚したよ」と伝えると、父ががっくりと弱ってしまう気がして、私は言葉を濁してしまいました。

若い頃は、ぎくしゃくしていた父と私との間で、母は防波堤となってくれていました。その母が急逝し、私は父としばらくの間——私が結婚するまで、二人きりで暮らしていたのです。半年足らずではありましたが、私にとっては辛く、大変な時期でした。しかし、その頃のことを父が記憶し、後々まで私の結婚を案じ続けていたということは、父は私との暮らしや関係を、私とはまったく違う形で認識していたということです。

親が何かを忘れることで、初めて気づかされることもあります。そのことに私が思い至ったのは、父のおかげです。その意味で、父は様々なことを忘れても、忘れることで家族に貢献していたのです。

母のことは忘れても、決して良好とはいえない関係にあった私との暮らしは、父の記憶に残っていました。父が無意識に選んでいた気がします。妻に先立たれた悲しみを忘れ、息子が結婚するまでは頑張らなくては、と自らを奮い立たせていたのかもしれません。

父が最晩年までかろうじて私のことを覚えていたのは、子どもの頃から心配をかけていたことも一因だろうと思います。中学二年生の時、私はバイクと正面衝突して大怪我を負いました。右手と骨盤を骨折して全治三カ月。その一報を会社で受けた父は、事故で私が死んだと思ったそうです。

その後も、父は私の人生をかなり案じていたようでした。結婚のことだけでなく、春になると電話がかかってきて、「就職は決まったか」と尋ねられたものです。

親に心配をかけることを勧めるわけではありませんが、**家族を案じたり、自分を必要としている家族がいると感じたりすることは、生きる力になります。**先述したように私が心筋梗塞で緊急入院した時も、老衰の一途を辿っていた父が突如として元気になり、退院する時は自分が車で迎えに行く、といい出して家族を驚かせました。

しかし、父の認知機能は、その後がっくりと落ちてしまいました。私の意識が自分の病気に向いて、父の変化に気づけなかったということもありますが、高齢の父に心配をかけたくない、無理をさせてはいけないと遠慮したのも事実です。しばらく電話をかけない間に、すっかり様子が変わっていました。

もしもあの時、私がもっと父を頼りにしていたら、父の生きる力を掻き立てることができたかもしれませんし、認知症の進行にしても、そのことにもっと早く気づき、手を打つことができたかもしれないと、今も時々思うことがあります。

もうろくは濾過器

私が父の認知症に最初に気づいたのは、老後の蓄えはたっぷりあるといっていたのに、クレジットカードの引き落としができないと銀行から連絡があった時でした。

その後、父は内科の病気で二カ月ほど入院しました。その間、父の愛犬を妹の家で預かってもらっていたのですが、退院して自宅に戻った時、父はその犬のことをまったく話題にしませんでした。長年一緒に暮らし、あれほど可愛がっていたのに、その存在をすっかり忘れていたのです。

父は、ある宗教の信者で、かつては深く帰依し、私に入信を強く勧めていたにもかかわらず、退院後は仏壇に向かうことも、扉を開けることもしませんでした。深い信心や関心が忘却の彼方に消え去っていたことに、私は驚きました。入院するまでは、どちらも心の糧として必要だったのでしょう。忘れたのは、そこから自由になったからかもしれません。

「もうろくをとおして　心にとどまるものを　信頼する。

もうろくは　濾過器」

これは哲学者、鶴見俊輔が日誌に記した言葉です（『「もうろく帖」後篇』編集グループSURE）。人間は晩年の「今、ここ」を生きるために、様々な記憶を捨て、本当に大事なものだけを残そうとしているのかもしれません。

晩年の父は、過去と現在、夢と現（うつつ）が渾然（こんぜん）とした深い霧の中で過ごしているようでした。しかし、その霧がふいに晴れることもありました。そんな時の父は記憶も確かで、自分が今どこにいて、どんな状況の中にあるのかを完璧に理解しているように見えました。

ふいに霧が晴れるような瞬間があるということ、その瞬間が長く続くわけではないということを、介護する人は胸に刻み、その幸福な瞬間を見逃さないようにしなければいけません。

記憶の霧が晴れたある日、父はこういいました。

「忘れてしまったことは仕方がない。できることなら、一からやり直したい――」

これは認知症をめぐる親子関係の核心を突いていると思います。人間は、過去に囚われて生きていますが、過去に戻ることはできません。しかし、いつでも一から、「今、ここ」から関係を再構築することはできます。

もしも親が、子どもである自分のことを忘れてしまったとしたら、初めて出会った人とのように、新鮮な気持ちで、親と新たによい関係を築く努力をすればいいのです。もしも妻が、私のことを忘れたならば、妻とまた改めて恋愛すればいい——そう考えれば、忘れられてしまうことを恐れることはないでしょう。

鶴見俊輔は、こんな言葉も残しています。

「今ここにいる。
ほかに何をのぞもうか」

直近のことすら思い出せない親を見ると切なくなりますが、**「今、ここ」を生きる親は、人間として理想の生き方をしているる**ともいえます。もうろくという濾過器を通して大事なことは覚えているとしたら、家族にできる最善のことは、覚えていることを大切にし、その意味を汲みとる努力をすることです。

認知症の親が生き方の理想を示す

「忘れてしまったことは仕方がない」という父の言葉を聞いた時、これは介護をする側の私が心に刻んでおくべきことの一つだと思いました。

親が何かを忘れたり、できなくなったりしたことは、もはや仕方のないことです。それを憂えたところで事態が好転することはありません。たとえ親が過去へのこだわりや、かつての自分への郷愁を捨てられずにいたとしても、まずこちらが過去を手放す決心をし、「今、ここ」に専心すべきだろうと思います。

過去を手放すということは、**人生は日々新たに始まると考えて生きる**と言い換えることもできます。昨日のことを持ち出すことなく、毎日初めて会うつもりで親と関わっていくことができれば、相手の話をよく聞き、敬意をもって接することができるでしょう。

過去だけでなく、未来を手放す決心も必要だと思います。先々のことばかり案じていると、今が疎かになります。日々、新たな人生を始められるのですから、明日の課題は明日考えればいいのです。

過去に囚われず、未来を案じないという意味でも、認知症の親は生き方の理想を示してくれているといえます。様々なことがわからなくなっていく中で、死の恐怖すら薄らいでいくかもしれません。死の恐怖から完全に免れられるとは思いませんが、少なくともそのことから、時おり自由になることはできるでしょう。

それは、まさに「今ここにいる。ほかに何をのぞもうか」の境地です。そういう生き方ができるということを、認知症の親は教えてくれているのです。

今ここにいる、それで十分ではないか、という言葉は、介護の渦中にあって頑張りすぎている人にも届けたいメッセージです。

何かをしなければ介護をしたことにならない、というわけではありません。父は晩年、食事以外の時間は寝てばかりいるようになりました。「寝てばかりだったら、僕がいなくてもいいね」というと、父は真顔でいいました。「私はお前がいるから安心して寝られる」と。哲学者の鷲田清一（わしだきよかず）は「**何をするわけではないが、じっとそばにいるということがもつ力を評価する**」といっています（『噛みきれない想い』ＫＡＤＯＫＡＷＡ）。ただ一緒にいるだけでもいい――そう考えると気持ちが楽になります。

何かしなければ、と思うのは、介護を生産性で考えているからです。介護をするなら、生産性から離れ、成果や見返りを求めることをやめなければなりません。介護も子育ても、見返りを求めると辛いものになります。介護することで貢献感を持てたとしたら、それでよしとすべきです。

私もそう心に決めて介護していましたが、ある日、父から思いがけず「ありがとう」といわれ、嬉しかったのを覚えています。まったく予期していない言葉だったからです。その直後に「飯はまだか？」といわれて、力が抜けそうになりましたが、そんな時は「今、食べたで」というと、「そうか」と引き下がってくれました。

介護は徒労感を伴うことがあります。親のためにあれこれ心を砕き、あちこち連れていったとしても、親は覚えていないことがあります。しかし、自分も子どもの頃に親がしてくれたことを覚えていないのです。介護では、同じことが自分にも起こっていると思えばいいのです。

「できる」ことに焦点を当てる

私たちにできることは、常に「今、ここ」でできる最善のことをしようと心がけて生きていくことです。とはいえ、振り返ると「あの時、こうしておけばよかった」ということばかり。親の介護は後悔の連続です。

しかし、親を看取った後、自分が「できなかった」ことに注目するのか、それとも「できた」ことや、わずかでも「心を通わせられた」瞬間に注目するかで、介護の心象はずいぶん違ってきます。

母が脳梗塞で倒れた時、最初から脳神経外科がある病院に入院させることができたら、もっと早い段階で受けるべき治療を受けられたかもしれないと後悔していました。ずっと病室で看病していたのに母の死に目に会えなかった、ということも大きな悔いとして、長らく私の心を苦しめてきました。

しかし、細心の注意を払い、どんなに一所懸命、介護・看病していたとしても事故は起きます。それは不可抗力です。そのことを誰も責めることはできません。

周囲の人も、自分自身も、失敗だけに焦点を当てて、その介護が間違っていた、いたらなかった、と評するのはおかしいと思います。

私は母親の死に目に会えなかったことを悔やみ、そのことを父や妹にいえずにいました。母が息を引きとるその瞬間に、私がたまたま席を外していたと知っても、父は私を責めたりはしなかったはずです。

本当は、長い間、看病していたという事実に焦点を当てるべきでした。たとえ、その間に間違いや失敗がたくさんあったとしても、その時にできる最善を尽くしたと思えることが重要なのです。

母が倒れてから亡くなるまでの三カ月間、実にいろいろなことがありました。私は最後にだけ焦点を当て、自分にはもっとやれることがあったのではないかと自分を責めていましたが、母は、まだ意識がはっきりしていた頃に病床で私とドイツ語の勉強ができたことを喜んでくれていたと思います。

それは母にとって幸福な経験であり、私は母が幸福であることに貢献していたはずなのです。そこに焦点を当てることで、私は自分がしてきたことと母の死とを消化し、受けとめることができるようになりました。

これは介護・看病に限ったことではありません。人生には、いろいろなことがあります。**「今、ここ」に焦点を当てる生き方ができていれば、自分はこれまでもそうやって最善を尽くし、一所懸命に生きてきたと思えるし、そう思えれば、きっと失敗も許せる**と思います。

過去が変わることはありませんが、違う部分に、違う角度から焦点を当てて過去を見ることができれば、自分を責めて後悔の海で溺(おぼ)れることはないはずです。

第七章

「できない」という勇気を持つ

まずは自分が幸福であること

介護している人が後悔に苛(さいな)まれ、追い詰められていく原因の一つは、自分が頑張れば親を幸せにできると思っているからではないでしょうか。しかし、子どもが親を幸せにすることはできません。幸せであってほしいと願い、できる限りのことをしたとしても、親を幸せに「する」ことはできないのです。

子どもの不登校に悩んでいる方が、カウンセリングにこられることがあります。「私はどうすればいいのでしょうか」と悲痛な表情で訊かれますが、親にできることはありません。学校に行くかどうかは、子どもの課題であり、子どもが決めることだからです。たとえ学校に行かなくても、親の理想とは違っていても、そういう「今、ここ」を子どもと仲良く生きることが、親にできることのすべてです。

親子の関係がよくなれば、子どもが学校に行こうとすることもありますが、行こうとしないこともあります。それも子どもが決めることです。

不登校やニートの子どもが、学校あるいは社会に出ていく日がくることを親が強く願い、しかし現実の子どもはいつまでも家にいて、そのことによって子どもが完全な人生を送っていないと親が思い、子どももそう感じていたとしたら、親も子も「今、ここ」の人生をふいにすることになります。

子どもの不登校やひきこもりで悩んでいる親は、憔悴(しょうすい)しきった様子で相談にこられます。「自分は今、不幸のどん底にある」と思っていることが、その姿や言葉から痛いほど伝わってきます。

しかし、自分が学校や社会に出ていかないことで、親が不幸であるということを、子どもは望んではいません。親の幸・不幸は、子どもに伝染します。子どもの幸せを願うのであれば、親がまず幸せでなければいけません。

人間が不幸そうに振る舞うことには、目的があります。周囲や世間の同情を引くためです。しかし、そうした振る舞いは、子どもを敵に回すことになります。

「一所懸命育てているのに、あの子が学校に行かないから、私はこんなに不幸なのだ」ということを世間に知らしめる親の行為が、子どもにとって嬉しいはずがありません。子どもが学校に行くかどうかに関係なく、親は幸せであればいいのです。

なぜ、この話をしたかというと、まったく同じことが介護についてもいえるからです。十分すぎるほど親に尽くしているのに、なお十分に親孝行ができていないと思う人は、知らず知らずのうちに、自分がいかに大変な思いをしているか、どれだけ頑張っているかということを周囲に訴えようとしているのです。

しかし、介護されている親は、自分を介護している子どもの不幸そうな様子や態度を嬉しいとは思わないでしょう。親にとって、子どもの不幸ほど辛いことはありません。それが自分を介護するためであったとしたら、なおさらです。

三木清は、「我々は我々の愛する者に対して、自分が幸福であることよりなお以上の善いことを為し得るであろうか」と指摘しています。**人は誰かを幸福にしたり、誰かに幸福にしてもらったりすることはできません。家族の幸福を**

思うなら、まずは自分が幸福であること。それ以上のことはできないのです。

介護は、自分に「できる」ことを真剣にしなければいけませんが、「できない」ことがあっても深刻になる必要はありません。深刻になったり、不幸せと感じたりするのは、希望と期待とを区別できていないことも一因でしょう。

三木清の『人生論ノート』には、次のような一文があります。

「希望を持つことはやがて失望することである、だから失望の苦しみを味いたくない者は初めから希望を持たないのが宜い、といわれる。しかしながら、失われる希望というものは希望でなく、却って期待という如きものである」

失望は「望みを失う」と書きますが、本来の希望とは決して失われることのないものであり、それは「生命の形成力」だと三木はいいます。生命の形成力とは、命をつなぎ、人生を紡ぐという意味です。

どんなに絶望的な状況でも、人間は希望を持つことができます。希望には人生を拓き、人生を変えていく力があります。介護をすることになった時も、親がよくなることを期待したり、介護することで自分が感謝・評価されることを期待したりするのではなく、どんな状況にあっても、親も自分自身も幸せであることを希望し、何よりもまず自分が幸せであることが大切です。

介護の現実は決して甘いものではありませんが、介護するという現実に入らざるを得ないのであれば、嬉々として取り組んだほうが幸せではないでしょうか。「介護しなければならなくなった」ではなく、介護をしながら「別の形でもう少し親と一緒にいる時間ができる」というふうに考えてみてはどうでしょう。

かつて、父は私にとって煙たい存在でした。しかし、介護を始めて、父との関係は大きく変わりました。もちろん、介護している時は辛いことも、大変な時期もありましたが、先にも見たように、これも人生の巡り合わせ。こういう形で一緒に過ごせるのも幸せなことだと思えるようになったのです。

のっぺりとした暗闇に見える現実も、心の目の角度をほんの少し変えると奥行きのある立体になり、光の射している部分があることにも気づけるはずです。

人間関係の中でしか喜びは生まれない

高齢者が、さらに高齢の親や親族の世話をする「老老介護」が増えています。介護疲れから心中してしまうような不幸なケースもありますが、疲れたら、周囲に助けを求めてほしいと思います。**助けが必要になることは、挫折でも、恥ずかしいことでもない**のです。

私の場合は「老病介護」でした。父を介護することになった時、私は手術を受けて間もない頃でした。さらに、介護を続ける中で、喘息(ぜんそく)を患うことにもなりました。心身が疲弊してしまう前に事態を根本的に解決するため、もう自分には無理だということを私はいうべきでした。

できないのに無理をするのは、無意識のうちに「頑張っている」という周囲からの評価を求め、「手を抜いている」と指摘されることへの抵抗があるからだと思います。介護も育児も「こうでなければ」「完璧でなければ」という思い込みから脱却しなければいけません。

自宅での介護に体力的な限界を感じましたが、幸い施設で父をみてもらうことができました。個人差もあると思いますが、父の場合は家で介護していた時よりも、施設に入ってからのほうが状態はよくなりました。自宅では私や妻以外の人と話をしたり、関わりを持つことはほとんどありませんでしたが、施設では多くのスタッフと関わり、仲間と言葉を交わすことになったからだと思います。

認知症の方々をケアする棟から、やがて一般棟に移れるまでになりました。アドラーは「すべての悩みは対人関係の悩み」だといっていますが、**人間関係の中でしか喜びは生まれない**のです。親の介護を施設に託すことに、抵抗を感じたり躊躇したりする人は少なくありませんが、前向きな選択肢の一つと考えていいと思います。

必要な助けを得るためにも、まずは自分が幸せであることが大事です。介護の困難を愚痴(ぐち)り、辛そうな顔をしていたら、助けの手を差し伸べようとしている人も尻込みしてしまいます。

家族がチームとなって介護に当たる場合は、それまで主たる介護者であった自分のやり方を押し付けないことも重要です。毎日見ている自分より、たまにしかこない家族や親戚に親がいい顔をすることもあるでしょう。しかし、そんなことに腹を立てるのは時間の無駄です。たまにくる人は、親にとってはゲスト。ゲストと楽しい時間を過ごしてくれれば、機嫌がよくなって自分も楽、と考えればいいのです。

チーム介護では、介護される親の状況をメンバー全員で共有する工夫も必要だと思います。母が倒れた時、平日は夜中の零時から翌日の十八時までは私が付き添い、十八時から零時までは父に、週末は妹や私の妻に代わってもらいました。

その時に活躍したのが連絡ノートです。これは、母の様子や、その日どんな治療を受けたか、検査の数値、事務的な連絡も含めて家族で情報を共有できたことは、安心材料になり、全員が看病を担っているという意識を持つことにも役立ちました。今ならメールやラインを活用できるでしょう。

毎日ノートを付けていると、一日一日が充実したものになりました。家族に母の状態を伝えるために、注意して母の変化を見ることになったからだと思います。

また、日々の変化を克明に記録していると、何かが急激に悪くなるわけでも、ひたすら悪くなるばかりでもないということがわかります。

父の晩年も、しばらく平坦な道が続いて、少しガクッと落ち、また平坦な道が続くという感じでした。それがわかって、まだ少しの猶予(ゆうよ)がある、もう少し一緒にいられるというふうに思えたことは、私にとっては大きな光明でした。

介護においても、急速に、ただただ衰えていくわけではないと知ることは、心のゆとりにつながります。

できない時は「できない」といっていい

介護をしている人も、いずれは介護される立場になるかもしれません。その時に鍵となるのは、やはり自分の価値をどこに置くかということでしょう。もはや様々なことができなくなり、今しがたのことを忘れるようになったとしても、人間としての価値を生産性のみに置かなければ、自分に価値がなくなったわけではないと思えます。介護されているということは、介護している家族が貢献感を持つことに貢献しているのですから、迷惑ばかりかけていると思わなくていいのです。

「介護されている自分は家族のトラブルメーカー。自分さえいなければ――」と思い詰めてしまう人もいますが、その人が亡くなった後に家族がぎくしゃくするということもあります。その人は、家族がまとまるための大きな力になっていたということです。

今後、介護を必要とする人は、さらに増えるはずです。一足先に介護を受ける立場に置かれた人には、介護を受けている自分を卑下したり、申し訳ないと小さくなったりせずに、被介護者のよきモデルになってほしいと思います。

赤ん坊が親から面倒を見てもらうことを恥ずかしがったりしないように、与えられるものを堂々と受け取っていいのです。介護をされていても、「楽しそう」「介護を受けるのも悪くないかもしれない」と周囲が思えるような人生を送れば、それも一つの他者貢献です。

介護を受けることになった時、自分を卑下する人がいる一方で、居丈高（いたけだか）に無理な要求をする人もいます。自分が望むタイミングで、思った通りの介護、援助が与えられないことに対する怒りを表出しているのでしょう。

そのような人は、自分が共同体の中心にいるわけではないということを自覚していない、つまり〝大人〟として自立できていない人。トラブルメーカーになって周囲の注意、関心を集め、共同体の中心にいようとする人です。

しかし、自分が介護される身になったことを受け入れることができないから、そんな態度を取っているのだろう、みんな少なくとも最初はそうなのかもしれないし、自分も同じように振る舞うかもしれない――と共感できれば、腹を立てないでいることができるでしょう。

介護する人と、される人とに求められるものは、基本的に同じです。自立した大人であること、生産性から離れること。**できないことを「できない」といえる勇気を持つ**ことも、その一つです。

介護をする側にとって一番困るのは、介護される人が「できない」ことを認めないことです。排泄一つとっても、「大丈夫」といって漏らされるよりも、「自分では難しい。よろしく頼む」といってくれたほうが、家族としてはありがたいものです。

私の父は、私に下の世話をされることを嫌がりませんでした。私もそうありたいと思いますが、私自身が入院した時に、自分では食事ができず、看護師さんに一口一口スプーンで食べさせてもらった時は、少し気恥ずかしい思いがしました。これればかりは、その時になってみないことにはわかりません。

ただ、子どもに介護されたり看病されたりすることに、それほど抵抗を感じる必要はないかもしれない、と思ったことがあります。

階段を踏み外して足を捻挫し、松葉杖生活をしていた時、一人では階段の昇り降りができずにいた私に、息子がさりげなく肩を貸してくれたのです。こんなふうに「力になってもらえる」ことは、すがすがしいような、気持ちいいことなのだと感じました。

私は元来、人を頼みにするほうではありません。どちらかというと這ってでも一人で階段を昇降しようと考えるほうなので、おそらく私から息子に肩を貸してくれとはいわなかったと思います。でも救いの手を差し伸べてもらえることと、その手を素直に借りることができるというのは、大事なことだと思います。

おじ・おばの心理学

認知症を患う前の父から、「お前がやっているカウンセリングを受けてみたい」といわれたことがあります。月に一回ほど京都駅で会い、日々の暮らしで不満に思っていることなど、食事をしながら父の話を何時間も聞きました。

私も、あと何年かすれば、私のカウンセリングを受けていた頃の父と同じ年齢になります。しかし、ひどく悩んでいることがあっても、息子にその話を聞いてほしいとはいわない気がするのです。

これも、その時になってみないとわからないことですが、してほしいことを「してほしい」といえた父は、勇気があったのだと思います。親子や家族は関係があまりに近く、利害が複雑に絡んでくるため、原則としてカウンセリングすることはできません。しかし、父とは冷静に話をすることができました。もともと父との間に葛藤や心の溝があったことが幸いし、程よい距離感を持って対することができたのかもしれません。

親には話しにくくても、祖父母のように少し距離がある家族、あるいは、**おじ・おばのように程よい距離のある関係であれば話しやすく、相手も冷静に聞きやすい**ものです。アドラー心理学は「おじ・おばの心理学」と呼ばれることがありますが、それは程よい距離感を持って相対し、互いの課題に土足で踏み込まないことを旨としているからです。

介護したり、されたりすることに関して悩みや困難があるのであれば、そのような立場にある人に相談してみたり、親と、あるいは子どもであっても「おじ・おばの心理」や「甥・姪の視点」で話をするように心がけてみるのも一つの手だと思います。

おじ・おばの心理とは、相手の力になりたいと思いつつも、相手を別人格として、きちんと認めて接する姿勢です。相手がどんなボールを投げてきたとしても、「それはおかしい」ではなく、「そうなんだ」と受けとめ、たとえ賛成できなくても、理解することから始めなければなりません。理解することは賛成することとは違います。その上で、いい関係が築けていれば、「こうしてみたら?」と提案することはできます。

「介護は、まだ先の話」という人も、こうしたキャッチボールの練習を今から始めておくといいと思います。

第八章

「私たち」を主語に考える

定年後の悩みは対人関係の悩み

日本は世界に冠たる長寿国です。平均寿命は、男女共に八十歳を超えています。中国唐代の詩人・杜甫(とほ)は、七十歳まで生きることは「古来稀なり」といっていますが、日本では今や約五人に一人が七十歳以上です（二〇一九年九月現在）。

多くの人が長寿を願い、実際、老後の人生は長くなりました。しかし、それを謳歌(おうか)できている人ばかりではありません。ことに定年を迎えて職場を離れると、めっきり老け込んで、体調を崩してしまう人もいます。

生活のリズムが大きく変わることもその一因と考えられますが、定年後の人生を楽しめないのは、対人関係の変化に関係があります。定年退職すると、仕事を介したつながりの多くを失うことになります。それに代わる新たな対人関係をうまく築けないことが大きな問題になるのです。

アドラーは、すべての悩みは対人関係の悩みだといっています。定年後の悩みも、対人関係の悩みなのです。

地域の図書館に行くと、最近は子どもよりも退職した男性の姿が目立ちます。誰と挨拶を交わすでも、何か調べものをしているというわけでもなく、新聞を読んだり、新刊書をぱらぱらとめくったり、窓辺の椅子でうたた寝している人もいます。

図書館に通って知的欲求を満たすこと自体は、もちろん健全なことです。図書館までの道のりを歩くだけでも、家で無為に過ごしているより健康にいいでしょう。

しかし、知的欲求を満たすことができる図書館通いに、心躍らせている人ばかりではありません。退職後、新しい関係を取り結べず、家にも居場所がない人が、誰にも話しかけなくてもよい図書館に救いを求めているようにも見えます。そんな人も、本当は人とのつながりを求めているのです。

アドラーは、『人生の意味の心理学』の中で、こういっています。

「われわれのまわりには他者が存在する。そして、われわれは他者と結びついて生きている」

人間は〝人の間〟と書く通り、人々の間にあって、他者と結びつきながら生きています。山奥でひっそり暮らす人でさえ、麓（ふもと）の里に住む人のことを意識していないわけではありません。完全に自分のことを忘れ去られてもいいとは思っていないでしょう。麓の人もまた、その仙人のような人のことが気になっているはずです。そういう意味で、他者とのつながりのない人、一人で生きている人はいないのです。

同書でアドラーは、「もしも人が一人で生き、問題に一人で対処しようとすれば、滅びてしまうだろう」とも指摘しています。単独では生物的に弱いというだけでなく、他者とのつながりなくしては〝人間〟としての生をまっとうできないということです。

まずは生産性という価値観を手放す

仕事の一線から退き、それと前後して子どもたちが巣立っていくと、あらためて夫婦二人の暮らしが始まります。パートナーを亡くして、一人暮らしをすることになるかもしれません。そうなった時に、誰と、どのように関係を構築していくか。これは身体的な健康と同じくらい――おそらく、それ以上に生活の質を左右します。

定年後に新たな対人関係をうまく築けない理由の一つは、人の価値を「生産性」に見ることをやめられないからです。何かをできるかできないかで、人の価値を判断してしまうのです。

仕事の土俵上には、他者との競争があります。どれだけ成果を上げたかが問われ、それによって立場や序列が決まるため、他者との優劣を意識しないわけにはいきません。長年、こうした土俵でしのぎを削っていると、知らず知らずのうちに自分の価値まで生産性で測るようになっていきます。

仕事をしている時に抱えるストレスや悩み、他者との軋轢も、そのような見方に由来します。定年を迎え、「これで仕事のストレスから解放される！」と思っても、生産性を至上とする価値観から離れられなければ、その後も同様のストレスを感じることになります。仕事の土俵を降りたならば、まずは意識して「生産性」という価値観を手放すことです。

それができなければ、趣味や地域の活動など、何か新しいことを始めようとしても、「新参者だから、自分は役に立たない」「上手な人ばかりで、自分だけ下手なのは面白くない」と、始める前から自らのやる気を自分で手折ることになります。従前の価値観から離れられず、参加者が対等な立場で協同するボランティア活動などに上下関係や序列を持ち込んで、疎まれてしまう人もいます。

外に自分の居場所を見つけられないと、家に引きこもることになりがちです。日がな一日、特にすることもなく、かといって仕事一辺倒できた人は、家事の即戦力にもなりません。

それでいて、家人のすることに「手際が悪い」「優先順位を考えれば、もっと効率よくできるだろう」と苦言し、上司のように振る舞えば、煙たがられて、家にも居場所がなくなるということになりかねません。

定年後の男性は、よく「自分から仕事を取ったら何も残らない」と嘆きます。することも、行くところもなく、あるのは「こんなはずではなかった」という憤り（いきどお）と、「このままではいけない」という焦りです。

妻が出かけようとすると「俺も行く」と、どこにでもついていく男性を形容して〝濡れ落ち葉〟という言葉が流行（はや）った時代もありました。雨に打たれた湿っぽい落ち葉は、払ってもなかなか離れない、というところからきた比喩です。

もちろん、退職後に第二の人生を謳歌している人もいます。現役時代にはできなかったことに取り組み、新たな出会いを活かして、若葉を茂らせるか、朽ち葉となるか——。その岐路で問われるのが「勇気」です。

他者との摩擦を恐れない

アドラーは、「自分に価値があると思う時にだけ、勇気を持てる」といっています。ここでいう勇気には、二つの意味があります。

一つは、**課題に取り組む勇気**です。なぜ勇気が要るかというと、課題に取り組めば、結果が明らかになるからです。何らかの結果が出てしまうこと、そこで思うような結果を出せないかもしれないということを恐れる人は、課題に取り組むことを躊躇してしまいます。

例えば、勉強しない子どもに、「あなたは、本当は頭のいい子なのだから、本気を出せばいい成績がとれる」という親がいます。しかし、そういわれると子どもは本気を出して勉強しようとはしません。本気を出してもいい成績がとれないという現実に直面したくないからです。「やればできる」という可能性の中に生きているほうがいいからです。

定年後の新たな取り組みも同じです。「自分は、やればできる。ただ、今はしないだけだ」というのは、できないかもしれないという現実から逃げているにすぎません。「こんなことは、やっても無駄」「取り組むに値しない」と断じるのも、課題から逃れるための方便です。

何事も、取り組まないことには始まりません。できない可能性もあるけれど、その場合も「できない」という現実から始めるしかないのです。いつまでも「やればできる」「そのうちやる」という可能性の中に生きていては、道を拓くことはできません。

アドラーが指摘する今一つの勇気は、**対人関係に入っていく勇気**です。他者と関われば、摩擦が起きないわけにはいきません。人から嫌われたり、憎まれたり、裏切られたりすることもあるでしょう。

それを恐れて、「嫌われて傷つくくらいなら、他者と関わらないほうがいい」と考える人は少なくありません。「近所付き合いなんて面倒なだけ。何の益もない」と嘯(うそぶ)くのも、対人関係に入っていく勇気がない証左です。

アドラーは、「あらゆる悩みは対人関係の悩みだ」といっていますが、生きる喜びや幸福は、対人関係の中でしか得ることはできません。

若い頃、長く付き合っていた彼や彼女となぜ結婚しようと思ったのか。この人とだったら、きっと幸せになれると思ったからに違いありません。その決心が後になって大きな誤りであったとわかることになるとしてもです。

人間は、他者とのつながりの中で生きています。**他者とのつながりを離れた幸せはない**ということです。

老後を幸せに過ごしたいと思うのであれば、対人関係に踏み込む勇気を持たなければなりません。もっとも、義理で気の進まない対人関係に入らなければならないわけではありません。むしろ、これからは義理や世間のしがらみから離れ、本当に大切な人との関係を大切にしていくことのほうが重要です。

ありのままの自分を好きになる

そのような対人関係に入っていくためにも、何より「自分に価値がある」と思えることが肝心です。自分に価値があると思えればこそ、対人関係に入っていこうと思えるからです。ところが、生産性を唯一無二の価値としてきた人は、その源泉である仕事から離れると、自分に価値を見出せなくなります。

しかし、退職して失うのは、所属や職責、肩書きだけです。齢を重ね、様々な衰えが顕在化してきたとしても、人としての価値が減じることはありません。

ありのままの自分に価値を認め、「今、ここ」にある自分を好きになる――そのためには、価値についての考え方を転換する必要があります。生産性に価値がないわけではありません。生産性にのみ価値があるわけではないということです。

雄の猿は、自分の優位性を誇示するため、他の雄猿の背に乗る習性があります。マウンティングと呼ばれる行動です。「ご職業は？」「どちらの会社にいらしたのですか？」「ご出身の大学は？」と、初対面の人に学歴や職位を問うのも、同種の行動といえるでしょう。それによって自分と相手との上下・優劣をはっきりさせ、言葉遣いから遇し方まで、相手に対する態度を決めているのです。

このような振る舞いはすべて、劣等感や虚栄心の現れです。過去の栄光にいつまでもしがみつくのは、格好よくありません。

ありのままの自分の価値を認める、自分のことを好きになる、といっても、いきなりは難しいと感じるならば、まずはこうしたことをやめることから始めてみるといいでしょう。互いの過去を比べるのではなく、「今、ここ」にある相手に関心を向けることを意識すれば、おのずと初対面の人に投げかける質問や会話の中身も変わってきます。

病気も、生産性にのみ価値があるわけではないことに気づくチャンスの一つです。私の友人は、働き盛りに会社の健康診断で膵臓ガンが見つかりました。

早期に発見できたおかげで一命は取り留めましたが、ほどなく彼は会社を辞め、今はキャンピングカーで日本全国を旅して回っているようです。

病気をきっかけとして、彼は人生において自分が大事にしたい価値について考えたのだと思います。病気をしても変わらない人もいますが、それを人生の価値について考えるきっかけとして活かすことができれば、その後の人生に新たな地平が見えてくるはずです。

人間は何歳からでも変われる

就職してわずか一カ月で会社を辞めた若者がいました。退職した理由の一つは、飛び込みで営業をさせられたから、というものでした。入社したての新人が契約をとれるとは、上司も期待していなかったでしょう。しかし、高学歴でエリートを自認していた彼にとって、それは人生で初めての挫折でした。

辞めた理由は、それだけではありませんでした。それは、職場の先輩や上司が「幸せそうに見えなかったから」です。

人生は、人それぞれにオリジナルなものです。誰かと比べたり、誰かの真似をしたりしても意味がありません。しかし、似たような境遇にある先達の姿は、自分の人生を考えるきっかけや道標になります。彼らの姿を見て、これからの人生が見えた気がしたのでしょう。

一足先にリタイアした人々を観察して、人生を楽しんでいる人は、どんなことを大事にしているか、どのような対人関係を築いているかと考えてみれば、気づくことがあるのではないでしょうか。

周囲から慕われている人は、現役時代に会社で偉くなった人とは限らないはずです。威張っている人よりも、対等な横のつながりを大事にしている人のほうが、話しかけやすく、周囲も頼りにしています。反面教師ではなく、こうありたいというモデルを見つけ、自分のこれからを考えるきっかけにしてみるのも一つの手だと思います。

頭ではわかっていても、なかなか生産性重視の価値観から抜け出せないという人は、思い切って環境を変えてみてもいいと思います。面白く読んだ本の世界や舞台を旅したり、時間に余裕があれば、ロングステイで異国の生活を体験してみたりするのもいいでしょう。もちろん、遠出しなくても、近所をゆっくり散歩することでも、人生をこれまでとは違ったふうに見ることはできます。旅も散歩も実用的な目的のためにすることではないからです。

人間は、何歳からでも変われます。必要なのは「変わる」と決心することであり、「変わる」勇気を持つことです。

成功と幸福との違い

老後の幸福を望まない人はいません。どのような暮らしを幸せな老後として思い描いているかは人それぞれ異なると思いますが、気になるのは「幸福」であることと「成功」とを同じに考えている人がいることです。

「成功と幸福とを、不成功と不幸とを同一視するようになって以来、人間は真の幸福が何であるかを理解し得なくなった」

そう指摘したのは三木清です。『人生論ノート』の中で三木は、成功と幸福との違いについて、次のように対比して論じています。

曰く、成功は「直線的な向上」と考えられているけれども、幸福には本来「進歩というものはない」。また、幸福が「各人のもの」「各人においてオリジナルなもの」なのに対し、成功は「一般的」で、「量的に考えられ得るもの」である、と。

一般的で量的な成功は、模倣されたり、追随する人が出てきたりします。ある本がベストセラーになると、似たようなタイトルの本が次々と出るのは、その好例でしょう。「あれなら自分にもできる」「自分なら、もっとうまくやれる」と思えるのが成功です。ゆえに成功は嫉妬（しっと）を買いやすく、嫉妬する人もまた「幸福を成功と同じに見ている場合が多い」と、三木は書いています。

しかし、真の幸福は各人にとってオリジナルなものですから、誰も真似ることはできません。「幸せそうで羨ましい」と思うのは、その人の幸福を見ているのではなく、成功に注目しているのです。

三木は、成功が「過程」に関わるものなのに対し、幸福は「存在」に関わるものだといっています。様々な過程を経て、そのゴールとして到達するのが成功であり、成功者に「なる」のに対し、人は幸福に「なる」のではありません。「幸せになりたい」「幸せになってほしい」といういい方をしますが、**存在していること、生きていること自体が幸福であり、成功とは関係なく、すでに人は幸福で「ある」**のです。

『人生論ノート』の幸福について論じた章には、こんな一文もあります。

「幸福は人格である。ひとが外套を脱ぎすてるようにいつでも気楽にほかの幸福は脱ぎすてることのできる者が最も幸福な人である。しかし真の幸福は、彼はこれを捨て去らないし、捨て去ることもできない。彼の幸福は彼の生命と同じように彼自身と一つのものである」

偽りの幸福は脱ぎ捨てることができますが、真の幸福を捨てることはできません。真の幸福を「武器として闘う者のみが斃(たお)れてもなお幸福である」と三木は力強く語っています。

生きていることがそのまま他者貢献になる

母校の高校で講演したことがあります。テーマは「自分の才能をどう活かし、これからの人生をどう生きるべきか」。私は、才能を自分のためだけに使ってはいけない、という話をしました。

本章の冒頭で見たように、人間は一人で生きているのではありません。他者とのつながりの中で生き、生きる喜びや幸福は、そうしたつながり、対人関係の中でしか得られないものです。いかに才能があっても、それを対人関係の中で他者の役に立てなければ、生きる喜びは得られない——つまり、真の幸福とは「他者貢献」だということです。

自分に価値があると思う時にだけ、対人関係に入っていく勇気を持てると指摘したアドラーは、「私に価値があると思えるのは、私の行動が共同体にとって有益である時だけだ」ともいっています。

誰しも、自分の行動に対して、他者から「ありがとう」「助かった」といわれることは嬉しいものです。定年後に自分の価値を肯定できずにいるのは、自分の行動が共同体にとって有益だという確信が持てないから、あるいは共同体にとって有益であることを志していないから、ではないでしょうか。

感謝されることを目的とし、それを成果として行動する人は、自分にしか目が向いていません。他者から感謝・評価されるかどうかにかかわらず、自分にはどのような貢献ができるかと考え、他者や共同体にとって有益であるよう心を砕くことが重要です。

ここで、アドラーは「行動が有益である時」といっていますが、行動に限る必要はありません。**生きていることが、そのまま他者貢献になる**のですから。

過去からの延長で考えない

自分の存在と才能とを他者の幸福に活かすことができれば、それがそのまま自分自身の幸福でもあります。まずは一番身近な共同体から、それを意識して始めてみてはどうでしょうか。

最小の共同体の一つが夫婦です。定年退職すると、一緒に過ごす時間が長くなります。貢献する機会も、それだけ多くなるということです。

しかし、共同体としての歴史は長くても、仕事や子育てをしていた頃はそれぞれに忙しく、じっくり話すことも、一緒に行動することも滅多になかったという夫婦は少なくありません。急に夫婦二人の暮らしが始まると、とくに女性は困惑するようです。かつて、テレビＣＭの「亭主元気で留守がいい」というセリフが流行語になりましたが、そういう声は今もあります。

なかには、うまく折り合いがつかず、熟年離婚に至るケースもあります。しかし、そういう夫婦が仲良く生きられないわけではありません。ちょっとしたコツと互いの努力があれば、改めて心を通わせることは可能です。

コツの一つは、過去からの延長として「今」を考えないということです。これまで二人がどんな人生を送ってきたかは、これから仲良く生きていくことに何ら影響を与えるものでも、問題になるものでもありません。つまり、これまではこれまで、これからはこれからということ。**夫婦として長年一緒に暮らしてきたから、「この人のことは何でもわかっている」とは思わない**ということでもあります。

もちろん、わかることもたくさんあるでしょう。しかし、夫婦といえども他人です。過信せず、自分はこの人のことを真に理解しているのかと、絶えず自問する努力が必要です。「本当は理解していないかもしれない」というところに立ち戻って相手と向き合えば、驚くような発見があったり、それまで何とも思っていなかったことに目が向いたりするものです。

アリストテレスは、「哲学は驚きから始まる」といっています。「なぜだろう」と考えるのが哲学の出発点です。

対人関係も同じです。付き合い始めた頃は、「この人は、こんなことを考えているのか」「こんなふうに感じるのか！」と驚き、それを知ることが喜びでもあったはずです。ところが、結婚し、一緒にいることが常態化すると、相手に対する関心も驚きも希薄になってしまいます。初めて会った時のように、新鮮な目と心で相手の言動を受けとめ、素直に驚いたり、驚きに伴う喜びを取り戻すことができれば、熟年の危機は回避できます。

そのためには、夫婦の仮面を外すことが大事だろうと思います。夫、あるいは妻という仮面を外して、一人の人間として関わっていく決心をするということです。

手始めに、相手を「お父さん」「お母さん」と呼ばないことから始めてみてはどうでしょう。結婚前はそんなふうに呼んでいなかったはずです。これは役割名であって、人格ではありません。呼び方を変えるだけでも、役割の仮面をかぶっていた時には見えなかったことが、いろいろと見えてきます。

相手の言動に対して、「また――」と思うことをやめてみるのも一つの方法です。定年後に何か新しいことを始めようという時、男性は〝形〟から入る傾向があります。いきなり高性能のカメラや高額なギターを買ったり、初心者には不要な道具まで買い揃えようとしたりしますが、思い切った投資をしても、たいていは長続きしません。

そんな時に「またやめるの？」「いつも長続きしない」「飽きっぽいんだから」と思うと腹が立ちますが、こう考えてみてはどうでしょう。

「この人は決断力がある」

「臨機応変に行動できる人だ」

自分には合わないと思った時にやめられるのは、決断力があるからです。同じことを別の角度からとらえ、他の言葉で表現してみると、それだけで気分も、見えてくるものも違ってきます。

アドラーが教える「人生の意味」

役割の仮面を外したり、互いを見る角度や表現を変えてみたりというコツも、そもそも夫婦が共同体であるという感覚を持たなければ意味がありません。アドラーは「他者を愛することによってのみ、自己中心性から解放される」といっています。他者を愛することによって、初めて「共同体感覚」に辿り着くことができるということです。

共同体感覚とは、「私」を主語として物事や人生を考えないということです。「私」を主語に考えると、共同体の他者に対して、「この人は、私に何をしてくれるだろうか」という発想で対峙することになります。その人が自分の期待を満たしてくれなければ、怒ったり、相手に不満をぶつけたりして、関係を悪化させてしまいます。

重要なのは、**「私」ではなく、「私たち」を主語に考えられるかどうか**です。「私たち」を主語に考えて生きられるようになると、「私たちのために、私はどのような貢献ができるだろうか」と考えられるようになります。

夫／妻には、こうあってほしい——と考えるのは「私」が主語の発想です。何もできなくても、こうして生きて一緒にいられることが「私たち」の幸せであり、それだけで互いに貢献し合っているのだと思うことができれば、夫婦の関係は変わるはずです。

アドラー心理学が提唱しているのは、協力原理に貫かれた「横」の対人関係です。横の関係は、一人ひとりに違いはあっても、すべての人は平等であり、対等だという考えに立脚しています。一人では、生きることも、幸せであることもできない人間は、対等な他者と共にあって、初めて完全であることができるのです。

アドラーのいう共同体は、夫婦、家族、仲間や地域にとどまらず、すべての人類、さらには宇宙全体にまで拡張される概念です。しかし、無限に広がる共同体も、「私と、あなた」という最小の共同体から始まります。老後を共に生きる夫婦はもちろん、今、目の前にいる誰かとの関わり方も、「私たち」に転換して考えてみることが大切です。

世界を見回すと、もちろん日本国内でも、排他的な言動や争いが広がっているように感じます。すべての争いごとの根底にあるのは、「〜と共にある」という人間の本質から逸脱した、自分ファーストの考え方です。

「人生の意味は、貢献、他者への関心、協力である」

定年後の夫婦関係から難民問題に至るまで、解決の糸口はアドラーのこの言葉にあると私は考えています。

第九章

「老いの幸福」を次代に伝える

毎日を機嫌よく生きる

幸福でありたいと思い、その術（すべ）や生き方の指針を求めるならば、まず「幸福とは何か」ということを考えることから始める必要があります。

人生とは何か、人間にとって幸福とは何か――。これは古代ギリシア以来の哲学の中心テーマであり、永遠のテーマでもあります。生きている限り向き合い続けなければならない問いであり、その問いに答えることは容易ではありません。

しかし、だからといって人間が幸福について、まったく何も知らないかというと、そうではありません。知らないものを、知ろうとするはずはないからです。

「自分は今、不幸だ」と思っている人も、幸福な瞬間を経験したことがあるからこそ、そう思うのです。幸福を経験していても、それが幸福であることに気づかずにいるのかもしれません。

幸福は空気のようなものです。空気があることを普段は意識することがないように、幸福であるのにそのことに気づかないのです。

三木清が、幸福は「存在」に関わるといっていることは先に見ました。人は幸福に「なる」のではなく、幸福で「ある」のです。そのことに気づくことが幸福になるということです。

三木清は、「幸福は力である」といっています。それは単に内面的なものではなく、真の幸福は、鳥がさえずり歌うように「おのずから外に現われて他の人を幸福にする」といいます。他者に気づかれない〝内に秘めた幸福〟や、一人だけが幸福であるということはなく、本当の幸福は、周囲に伝染して、他の人を幸せにする力を持っているということです。

幸福がどのような形で外に現れるのかということについて、三木は「**機嫌がよいこと**」をその筆頭に挙げています。弾(はじ)けるように上機嫌であるというよりも、穏やかで気分が安定していることをいっているのだと思います。

朝から不機嫌で恐い顔をしている人は、その人自身がその日をつまらなくしているばかりか、腫(は)れ物に触るように接しなければならない周りの人の気分をも悪くします。生きていれば、時には嫌なこともあるでしょう。しかし、そのことに心を奪われ、不機嫌を露(あらわ)にしても、事態が改善されることはありません。幸せな老年を望むのであれば、まずは毎日を機嫌よく迎え、機嫌よく過ごすことです。

幸福は、「丁寧である」「親切である」という形でも現れると三木は書いています。誰かに何か頼まれた時、いつも丁寧に対応しているでしょうか。手紙を書く時は丁寧に言葉を選び、気持ちを込めて筆を運んでいるでしょうか。

忙しかったり、気になることがあったり、いらいらしていると、おざなりな対応しかできなくなります。「ちょっと手を貸して」と家人に声をかけられても、面倒に思い、「ちょっと待って」「あとで」と応えているような時は、態度も口調もぶっきらぼうになっているものです。差し迫って忙しい、あるいは困(こん)

憊しきっているのでなければ、自分の時間を少し譲るくらいの気持ちで、求められたことに対して丁寧に対応する努力をしてもいいのではないかと思います。

他者から援助を求められた時、可能な限り力になるというのは「親切である」ことにつながります。もちろん、すべての求めに応えられるわけではありませんが、力になろうとすること、なりたいと考えることは大事です。誰かの力になることで感じられる幸福は、援助を受けた側の人にも伝わります。

ここで重要なのは〝援助を求められた時に〟という条件です。他者が助けを必要としているのではないかと思った時に、「何かお手伝いしましょうか」「できることがあったらいってください」と声をかけるのは親切ですが、「きっとこうしてほしいはず」と、勝手な思い込みで動くと嫌がられます。

他者の課題に土足で踏み込まない

外に現れる幸福の証しとして、三木は最後に「**寛大であること**」を挙げています。これは、自分とは異なる考えや価値観を持つ人を受け入れるということです。

親子といえども、いかに親しい仲間であっても、考えが相容れないことはあります。それが顕在化した時に、どう対応するかということを、私たちは絶えず考えていかなければいけません。

寛大であることは、必ずしも異論に賛成することではありません。「それは違う」「あなたは間違っている」と否定するのでも、自分の考えを曲げて「あなたのいう通りだ」と同調するのでもなく、他者の考えを理解する、ということです。少なくとも理解しようと努め、互いの違いは違いとして受けとめることが大切です。

これはしかし、実際にはなかなか難しいことです。誰に対しても寛大であることは、機嫌よくあることや丁寧、親切であること以上に難しいことです。

寛大であることを難しくしている理由の一つは、「課題の分離」ができていないところにあります。例えば、子どもや孫が、自分の理解を超える進路選択をしようとしているように見える時、どう対応するでしょうか。彼らの将来を心配してのことだとしても、「やめなさい」「世の中は、そんなに甘くない」と説教をしたりすると、たとえ正論であっても、正論であればなおさら受け入れてもらえません。これは相手の課題に土足で踏み込む態度、対応です。

対人関係のトラブルは、他者の課題に土足で踏み込む、あるいは踏み込まれることから起こります。自分の考えは、いってもいいですし、いわなければならない時もあります。しかし、その場合は「自分の考えをいってもいいか」と訊ねなければいけませんし、自分の考えをいっても相手が受け入れるかどうかはわかりません。

寛大であるということは、進路選択の例でいえば、子どもや孫の選択を受けとめ、彼らの行く末を見守ろうと決意することです。彼らには、自分の課題を自分で解決する力があると信頼するのです。

家族に限らず、**他者と信頼関係を築きたいのであれば、まず、こちらから相**

手を信頼することが肝要です。これには勇気が要ります。多くの人は、裏切られるかもしれないという疑心から、信頼することを恐れます。しかし、裏切られることを恐れて信頼しなければ、深い関係を築くことはできません。

丁寧な対応や親切も同じです。相手が親切にしてくれたら自分も親切にするというのではなく、まず自分が親切にすることです。「ギブ&テイク」ではなく、他者から与えられることを期待して与えるのでもなく、相手から何も返ってこなくても、ただ与えるということです。

「我々は我々の愛する者に対して、自分が幸福であることよりなお以上の善いことを為し得るであろうか」

先述の通り、人間の幸福について論じた文章の中で、三木はこう指摘しています。自分が幸福であることが最大の他者貢献だということです。

老いてなお、日々機嫌よく丁寧に暮らし、親切で幸せそうにしていると、一緒にいる家族も幸せです。寛大な心を失わずにいれば、孫から相談が持ち込まれることもあるかもしれません。

周囲が「あの人に相談してみようかな」と思えるようなおじいちゃん、おばあちゃんになることは、幸せな老いのあり方の一つだと思います。

子どもは、大人の「いう」ことではなく、大人が「している」ことから学びます。家族や自分よりも若い人が、自分の姿や生き方を見て、「そうか、あのように生きていると幸せなんだ」「あんなふうに歳を重ねていけるなら、老いるのも悪くないな」と感じられるようなモデルになりましょう。

三木が書いている通り、「おのずから外に現われて他の人を幸福にするものが真の幸福」なのです。

異論があっても考え続ける

先に不機嫌な人のことを見ましたが、自分の不遇を訴えたり、不機嫌な態度を取ったりする人には目的があります。それは、他者から注目されるためです。

そういう人が傍にいる時は、その人の不機嫌に注目してはいけません。そういう時は、そっとしておくしかありません。ずっと不機嫌なままの人がいるはずはないので、機嫌のよい時に声をかければいいのです。周囲が自分の不機嫌に注目しないことがわかると、その人は、不機嫌でいるのは無意味だと学ぶはずです。

家族に対しても、友人に対しても、長く付き合っていると「言葉にしなくてもわかってくれるはず」という甘えが生じるものです。

「忖度（そんたく）」という言葉が流行語大賞になったことがありましたが、日本には、気配りや気遣いなど、言外のメッセージを推し量って動くことを美徳とする文化があります。もちろん相手を思いやる気持ちは大切ですが、言葉にしなくてもわかり合えるというのは幻想です。

気配りや気遣いが問題になるのは、それを自分に課している人が、相手にもそれを求めてしまうからです。つまり、言葉で伝えなくても、自分が不機嫌そうにしていたら、それに気づき、自分を気遣うべきだと考えるのです。

不満があれば言葉で伝えるしかありません。不機嫌にしていると、不機嫌であることは伝わるかもしれませんが、何を不満に思っているかまでは伝わりません。

世の中には、いろいろな人がいます。ものの見方や感じ方は人それぞれです。家族であっても、**互いの思いや考えは言葉にして伝えなければわかり合えない**ということを知る必要があります。

自分の感じ方や価値観、考え方が唯一絶対ではなく、いろいろな考えの人がいるという前提で他者と向き合うことは、多様性を受けとめるという意味である「寛大である」ことにもつながります。しかし、世界を見渡すと、幸せの現れである寛大さが急速に失われているように思います。日々のニュースで伝えられる政治的、宗教的な軋轢や紛争も、その根底にあるのは多様性を否定する態度です。

異論や反論があっても考え続けることは、容易なことではありません。声高に叫ばれる安易な世界観やフェイクニュースを鵜呑(うの)みにして、排他的な態度をとるのは、それが楽だからです。自分で考えることをしなくて済むので楽なのです。

物事を深く考えることなく問題を解決しようとすれば、いきおい「力」に頼ることになります。その最たるものが戦争です。弾圧、暴力、ヘイトスピーチのような言葉の暴力もあります。日常生活において、大声で怒鳴ったり、これみよがしに不機嫌な態度をとったりするのも、これと同じ示威行動です。

力に訴えるという方法は、即効性はあるとしても、有効性はありません。ゲームに熱中して宿題をしない子どもを親が大声で叱りつければ、目の前で繰り広げられている、親からすれば問題と見える行動を、とりあえずやめさせることはできるでしょう。

しかし、子どもが二度と同じことをしないかというと、そんなことはありません。同じことが繰り返されるのであれば、叱るという、力に訴える方法は有効ではないということです。

圧力をかければかけるほど、相手は反発します。それが問題をさらに大きくしてしまう結果になることは、昨今の国際問題を見ても明らかです。対人関係においても、問題を根本的に解決することはできません。対人関係において私たちにできることは、**相手を尊重し、多様性を受けとめて、不断に対話を続けていくこと**です。

相手がどのような態度で対話に臨んだとしても、変わらず丁寧に対応することが大切です。相手が怒鳴っても普通に接し、泣き出したとしても動じない。泣くことも、怒鳴るのと同じ示威行動の一つです。

子どもが泣き出すと、親は冷静ではいられませんが、程よい距離にある祖父母であれば、それができるでしょう。親には心を閉ざすことがあっても、自分の話を聞いてくれる祖父母がいれば孫は救われます。

しかし、そのような〝程よい距離〟を取ることは容易ではありません。「私の話をちゃんと聞いてくれる」と思えなければ、孫は話をしようとは思わないでしょう。こうしたことは、どんな対人関係にも当てはまります。

どういう時に人は「ちゃんと話を聞いてもらえた」と感じるかというと、一つは、話を途中で遮(さえぎ)られないとわかった時です。

まだ話の途中なのに、「だいたいわかった」「私もそうだった」「私が若い頃は」と自分の話を始める人は少なくありません。勝手な解釈を加えたり、想像で行間を埋めたりしてわかったつもりになると、もはや相手の話は聞いていないものです。

もう一つは、この人は決して批判しないとわかった時です。話を聞いてもらいたい人は、意見や批評を求めているわけではありません。気の利いたコメントやアドバイスを求められていると勘違いする人もいますが、求められているのは、その人が語る言葉や気持ちを、ありのまま受けとめることです。

嫌われることを恐れない

ありのままを受けとめるということは、相手を対等な存在として見るということです。対等な関係であれば、叱ることも、甘やかすこともないはずです。

親が子どもを叱るのは、子どもを対等に見ていないからです。子どもを叱る親は、一方で子どもを甘やかします。子どもに嫌われることを恐れているのです。

二〇一三年に上梓(じょうし)した『嫌われる勇気』(ダイヤモンド社)は、タイトルだけが一人歩きしている感があり、誤解されることもありますが、嫌われてもいい、嫌われなさい、といっているのではありません。私が伝えたかったのは、嫌われることを恐れてはいけないということです。

「孫は目に入れても痛くない」といわれますが、かわいさの余り、甘やかしてしまいがちです。かわいいからこそ、孫には嫌われたくないという気持ちが働くのでしょう。しかし、たとえ嫌われることになったとしても、いわなければいけないこともあります。相手が誰であれ、必要な場面では「それは違うと思う」と指摘する勇気を持ってほしいと思います。

ただし、嫌われてもいうべきことはいわないといけないのだと開き直ると、たちまち家庭で孤立することになりかねません。いうべきことをいう前に、「自分の考えをいってもいいか」という前置きは必要です。

嫌われる勇気は、むしろ子どもたちにこそ持ってほしいと私は考えています。**親や祖父母から嫌われることを恐れない勇気**です。

親や祖父母は、自分たちが子どもや孫に威圧的な態度を取るなどして、いいたいことをいわせていないかもしれないことに、いつも注意しなければなりません。

嫌われることを恐れないということのほかに、もう一つ大切なことがあります。それは、影響を及ぼそうとしないということです。

子どもや孫と接する時に、「こうあってほしい」「こういう人間に育てたい」という下心があってはいけません。どう生きるか、どんな人間になるかは、本人が決めることであり、本人の課題です。

そもそも、人は人を育てることはできません。できるのは、子どもや孫が育つのを援助すること、子どもが育つ環境を整えることです。

例えば、本を読む子になってほしいと願い、たくさんの本を買い与えたとしても、子どもがそれを読むとは限りません。家の書棚にたくさんの本があれば、興味を持って読むかもしれませんが、読まない子どももいます。

私の父は、あまり本を読むほうではなく、書棚も家に一つきりでした。ほとんどはビジネス書でしたが、その中に一冊、私の興味を引く本がありました。文芸評論家で血液学の医学博士でもある加藤周一（かとうしゅういち）の『読書術』（岩波書店）です。

中学生だった私は、この本を繰り返し読みました。その後、著者が自身の半生を回顧した『羊の歌』『続 羊の歌』（岩波書店）を読んだことが、学問に憧れ（あこが）を抱くきっかけとなりました。あの時、父の書棚で『読書術』に出合っていなかったら、今とは違う人生を歩んでいたかもしれません。

父が買った本ですが、父は読んでいなかったのではないかと思います。ましてや私に読ませて、何らかの影響を与えようなどとは、露（つゆ）ほども考えていなかったはずです。にもかかわらず、こうして〝うっかり〟子どもに影響を与えることもあるのです。

リスのように「森」を育てる

北海道に行った時のことです。朝、散歩をしていると、木の下で何かが動く気配がしました。よく見ると、それはリスでした。

リスは、餌となるドングリを見つけると、穴を掘ってあちこちに埋めるという習性があります。しかし、リスは自分がドングリを埋めた場所や埋めたことも忘れてしまいます。リスがいるところに森ができるのは、そのためです。忘れられたドングリが芽を出し、育って、森ができるのです。

リスが忘れたドングリで森ができるように、あるいは父の本棚に眠っていた本が私を学問へと誘(いざな)ったように、意図せず誰かの役に立ち、大きな森を育てるということはありえます。

私も自分で書いた文章について、どこに書いたのか忘れてしまうことがあります。書いた私は忘れても、それを読んだ誰かの心を軽くすることに貢献しているかもしれません。認知症になって、自分がしたことや語ったことを忘れたとしても、それを見たり聞いたりした子どもや孫には、いい思い出として、あるいは人生の糧として刻まれるということもあるでしょう。

忘れてしまってもいいのです。**「今、ここ」を充実して生きることが、豊かな森をつくり、次世代の糧となるドングリを実らせる**――そう考えれば、過去を思って後悔したり、未来を思って不安になったりする必要はなくなります。

ちなみに、リスの忘却によってできるのは「森」です。神が宿るのも森であって、「林」ではありません。林は「はやす」から来た言葉で、人工的に作られたものだからです。

人間も、ひとりでに育つ森であり、親の期待や計画通りに形づくられる林ではありません。親や祖父母にできる最善のことは、子どもという森が育つのを邪魔しないことです。

わからないことを素直に認める勇気

齢を重ねたからといって、立派な人間になるわけでも、尊敬される老人になれるわけでもありません。そうなるには不断の努力が必要です。歳老いてこそ様々なことを学んでいかなければいけないし、本を読んで考えることをし続けなければ、人間としての成長は望めません。

いろいろなことができなくなったとしても、本を読むことができれば、それは幸せなことだろうと思います。そうやって齢を重ね、知識と経験を積み重ねて、いろいろな意味でモデルとなりうるような成長を続けていかなければなりません。

その過程で心に留めておかなければならないのは、**完全でなければならないと思わない**ことです。なぜ若い人が年長者の話を聞かないかというと、年長者がわかったふうないい方をするからです。「そんなこともわからないのか」「歳をとれば、いずれわかるようになる」というようないい方です。いかに齢を重ねても、わからないことはわからないと率直に認める勇気を持たなければなりません。

ドイツの哲学者カール・ヤスパースは、人間は「道の途上にある存在」だといっています（『哲学入門』）。大人がそれを自覚し、若い人からの問いに対して「それは私にもわからない」といえる勇気を持ってほしいし、年長者にもわからないことがあることを、若い人が知ることも大事だと思います。

わからないことや知らないことがあることは、恥ずかしいことではありません。対等な関係を心がけ、一緒に考えていこうとする姿勢があれば、年齢や立場を超えて、互いにたくさんの気づきが得られるはずです。

若い人が自分を超えていくことを喜ぶ

漫画版の刊行をきっかけとして、吉野源三郎の『君たちはどう生きるか』（岩波書店、ポプラ社、マガジンハウス）が再び注目を集めています。戦前に書かれた同書が今の時代にベストセラーとなった理由の一つは、タイトルにあると思います。こう生きるべきだという訓示でも、こう生きてほしいという期待でもなく、「どう生きるか」と問いかけ、読者に自分で考えることを促しています。

生き方は、人それぞれ違います。先達の意に沿う必要はありません。さらにいえば、先達よりも、理想主義に燃える若い人のほうが、人生の正しい姿が見えているといえます。

妙に賢くなって人生を諦めている大人は、かつて自分が大人からいわれて嫌悪したこと——例えば「夢は現実によって破れる」「理想を持って生きることには意味がない」などと若い人たちに説教します。そんな大人になってはいけません。

『嫌われる勇気』は、若い人たちとの二年に及ぶ対話から生まれました。彼らの優れた知性や感性を尊重し、自由な議論を重ねていった結晶であり、それは私にとって、刺激的で貴重な体験となりました。

後進の力になることは、年長者に課された仕事の一つです。なかには若い人が自分を超えていくことを嫌い、邪魔をしたり、協同することを拒む人もいます。しかし、仕事でも、研究活動や教育の現場においても、後輩や学生が自分を超えられなかったとしたら、その取り組みは失敗だったといっても過言ではありません。

私がかつて三年かけてようやく原語で読めるようになったプラトンの『ソクラテスの弁明』を、私が教えた学生は半年余りで読めるようになりました。春にアルファベットから学び始めた学生は、夏休み中もたくさんの課題をこなし、たちまち力をつけていきました。

それは学生の努力の賜物(たまもの)であり、その成長を手助けすることができたことは、私にとって大きな喜びでした。若い人が自分を超えていくことに貢献できるというのは、幸せなことです。

哲学は五十歳から

いかに歳を重ね、研鑽を重ねても、わからないことはまだまだあるということを知り、自分と真摯に向き合い続けること、考え続けることが〝哲学する〟ということです。

プラトンは「**哲学は五十歳から**」といっています。こんな歳になって、今さら哲学を学ぶことなど無理――と思う人もいるかもしれません。

しかし、老いたからといって知力が衰えるわけではありませんし、哲学するには、長く生きて身につけてきた知恵と経験が必要です。私が心筋梗塞で倒れたのは五十歳でしたから、いよいよこれから哲学を学べると思っていたのにその道が断たれてしまうのかと残念に思いました。

哲学とは、「知を愛する」という意味です。哲学者は「愛知者」であって、

「知者」ではありません。これからの生き方や幸福を考えるのであれば、ぜひ哲学の本を読まれたらいいと思います。

世間一般に思われているほど難しくはありません。初めて読む方にお薦めするとしたら、それはギリシア哲学の古典です。そもそも哲学は、言葉も概念も、ギリシアのものです。哲学は英語では「フィロソフィー」といいますが、これもギリシア語の「ピロソピア」を翻訳することなく採り入れた言葉なのです。

日本語では、今は哲学といいますが、もともとは「希哲学」と訳されていました。これは「哲」を希求する学問という意味で、訳したのは幕末・明治維新の頃に活躍した学者の西周（にしあまね）です。彼は原語の意味することを見事に日本語に置き換えたわけですが、いつの頃からか肝心の「希」が略されてしまったので、意味がわからなくなってしまいました。哲学を学ぶために必要なのは、知を愛すること、飽くなき探究心です。

数あるギリシア哲学の名著の中でも、最初の一冊にふさわしいのは、やはりプラトンの著作です。現代哲学では、議論が混乱しないよう言葉の定義から始めますが、プラトンは違います。プラトンの著作では、定義を求めること自体を目的として対話が繰り広げられています。

例えば、「勇気とは何か」というテーマで登場人物が問答を展開します。しかし、多くの場合、答えには至りません。結論は出ないけれど、その過程から、どういう方向性で物事を考えればよいかということは見えてきます。

答えだけが知りたい人には、まどろっこしいと感じられるでしょう。若い頃であれば、面倒に思い、投げ出してしまったかもしれません。しかし、齢と経験を重ね、時間に余裕があれば、じっくり取り組み、対話のプロセスを読み解いていく喜びを感じられると思います。

プラトンは多くの著作を残していますが、その中でも、まず読んでほしいのが『ソクラテスの弁明』です。短いので無理なく読めると思います。

これはプラトンの他の多くの作品のように対話の形式にはなっていませんが、生き方を学ぶという意味で重要な本です。『ソクラテスの弁明』は、死刑判決を受けたソクラテスが法廷で展開する演説をプラトンが綴ったものです。

その姿から、いかに生きるべきかを考えてみることができます。

ここに描かれているソクラテスは七十歳。しかし、異様ともいえるほどに元気です。子どもが三人いて、うち一人はまだ乳飲み子です。お酒も強く、若い人たちと一緒に一晩中飲んで、他の人が酔い潰れても、彼だけは平気だったといわれます。死刑にならなかったら、百歳まで生きたかもしれません。

ソクラテスは、見た目はあまりよくありません。しかし、本人はそのことを気にかけておらず、『饗宴』に登場する美青年のアルキビアデスは、見た目では自分と正反対のソクラテスを賛美しています。アルキビアデスのみならず、周囲はみなソクラテスの内面的な美しさを見ていたのです。

「今、ここ」にある幸福を若い人たちに手渡す

プラトン中期の対話篇『饗宴』や『パイドロス』もお薦めです。どちらも愛

をテーマにしています。恋愛は若い人の特権ではありません。今こそ愛について真剣に学ばなければなりません。『饗宴』には、いくつかの翻訳がありますが、哲学者で小説家でもある森進一(もりしんいち)先生の訳（新潮社）は日本語も美しく、秀逸です。

私は学生時代に、その森進一先生主宰の読書会に参加していました。先生は、その読書会で参加者から月謝を取っておられませんでした。

父に「ギリシア語を教えてもらえることになった」と話したところ、「月謝はいくらだ」と訊かれました。「聞いていないけど、たぶん取っておられないと思う」と答えたら、「世の中にそんな甘い話があるわけはない。今すぐ電話をして聞け」と叱られました。

父の言葉を待つまでもなく、見返りを求めずに、ただ与えてくれる人が世の中にいるということは私にとっても驚きであり、どうしたものか困惑していたので電話して訊ねたところ、先生の答えは次のようなものでした。

「今後、もしも君より後進の人でギリシア語を学びたいという人があれば、今度はその人に君が教えてくれればいいのだよ」

　師から受けたものを、師に返すことはできません。同じように、親から受けたものを、子どもは親に返すことはできません。**これまでの人生の中で多くの人から受けてきたものを、私たちは自分の子どもに、次代を担う若い人たちに、あるいは社会に返していくしかない**のです。

　経験したこと、学んだこと、そして「今、ここ」にある幸福を、何らかの形で手渡し、伝えていくこと――それこそが、老いた者の使命であり、すなわち老いの幸福なのではないでしょうか。

　みなさんは、これから何を伝えていくでしょうか。その一つとして、老いることの幸福を、ぜひ伝えてほしいと思います。

あとがき

老いは、他の人の老いを見れば、それがどういうものかはある程度想像できますが、冬の寒い日に夏の暑さを、夏の暑い日に冬の寒さを実感することが難しいように、自分が老いの中に入らなければ理解できないことがあるというのも本当です。

そうであれば、若い頃から老いについて恐れたり、老境に入っている人もつらいことばかり待ち受けていると考えたりする必要はありません。老いを避けるわけにはいきませんが、この先何が起こるかはわかりませんし、与えられた老いをどう活かすかということだけを考えればいいのです。

本文でも引きましたが、精神科医の神谷美恵子は日記の中で次のように書いています。この頃、神谷は『生きがいについて』（みすず書房）という本を執筆していました。この本は「どこでも一寸切れば私の生血がほとばしり出すような文字」で書きたいと神谷がいっているように、神谷自身の経験が根底にあります。

「過去の経験も勉強もみな生かして統一できるということは何という感動だろう。毎日それを考え、考えるたびに深い喜びにみたされている」

これは自分の取り組んでいる仕事への思いを書いたものですが、歳を重ねていくということの意味を的確に表していると私は思います。

歳を重ね、それまでの人生で経験したことを「みな生かして統一」できることは喜びなのです。これまでの経験のすべてを糧として、これからいよいよ成長することができるからです。

ここで神谷は「過去の経験も勉強もみな生かして」と書いていますが、この過去の経験にはつらいことも含まれています。

神谷は若い日に恋人を亡くしました。彼の死に痛手を受けた神谷は生きがいを喪失しましたが、やがてこの経験をバネにハンセン病患者の治療に専念し、『生きがいについて』を何年もかけて書き上げました。

その『生きがいについて』の中に「将来を共にするはずであった青年に死なれた娘の手記」が引用されているのですが、この手記は神谷自身のものです。「もう決して、決して、人生は私にとって再びもとのとおりにはかえらないであろう。ああ、これから私はどういう風に、何のために生きて行ったらよいのであろうか」

しかし、神谷はいつまでも絶望していませんでした。

「悲しみをてこにして飛躍すること。悲しみや苦しみの中になずむな、それにきよめられ、きたえられ、優しくされよ」（『神谷美恵子　聖なる声』宮原安春、講談社）

長く生きるとつらいことや悲しいことを多々経験しますが、そういうことも生かし生き抜く勇気を神谷は教えてくれます。

学生の頃、ラテン語の教科書に「誰も死ぬ前は幸福ではない」という意味の一文がありました。私はこのラテン語を日本語に訳しましたが、先生にこの文の意味がわかるかと問われ、答えに窮してしまいました。

要領を得ない私の答えを聞いた先生は、悲しそうな表情を浮かべ首を振って
こういいました。

「人間、長く生きていると最愛の人とも別れないといけないこともあるということだ」

その後、まだ若かった母を亡くすなどして、先生の言葉の意味に得心がいくことになりました。

その授業で私が訳した「誰も死ぬ前は幸福ではない」というラテン語には典拠があることをのちに知りました。古代ギリシアの政治家であるソロンが次のようにいっているのです。

「長い人生の間には、見たくないものをあまた見て、遭いたくないことにも遭わなくてはならない」

「人間は生きている限り、何人も幸福ではない」

私は、ソロンがいっていることとは違うと思います。

古代ギリシア人にとっては、生まれてこないことが何にもまさる幸福であ

り、次に幸福なのは、生まれてきたからには、できるだけ早く死ぬことでした。

長く生き、歳を重ねて老いれば、ソロンがいうように、「遭いたくないこと」を経験しないわけにはいきませんが、老いることで、たとえ遭いたくないことに遭うことになっても、そのようなことを経験することで不幸になるわけではないのです。加齢と共に身体も衰えていきますが、そのことで不幸になるわけでもありません。

本文でも書いたように、三木清は成功は過程であり、幸福は存在であるといっています。幸福は成功と違って何かを達成しなければならないわけではありません。幸福が存在であるというのは、人は幸福に「なる」のではなく、幸福で「ある」ということです。

つまり、ソロンがいっているのとは違って、人は生きている限り幸福ではないのでなく、今ここで幸福なのです。

このことはまた人間の価値は「ある」ことにあって、何かを達成することにはないということです。老いることで若い時にできたことができなくなったとしても、そのことと人間の価値とは何の関係もありません。

若い時は何かができることに自分の価値があると思っていたとしても、老いた今はそのようなことに価値があるとは思えなくなります。身体の衰えは避けることができなくても、生きていることに価値があると思える人は、老年は忌むべきものにはならないでしょう。

また、歳を重ねると、人生がこの先長く続くことに俟つことはできません。人生を先延ばしにせず、今したいこと、できることは今しようと決め、そうすることで、今ここに生きることの喜びを感じられることも、老いの特権ともいえます。

とはいえ、これから自分を待ち受けていることに不安を持っている人も多いかと思います。私がいつも思い出すのは、サン＝テグジュペリの『人間の土地』にある次の言葉です。

「自分に言ってきかせるのだ、他人がやりとげたことは、自分にも必ずできる

はずだと」（『人間の土地』堀口大學訳、新潮社）

さらに歳を重ねたら何が起こるか、ついには老いの先に望見される死がどういうことなのかはわかりませんが、死は前人未踏ではないのです。

本書が、若い人が老いることを待ち望み、また今老境にある人も若い時とは違った喜びを感じて生きる勇気を持てる一助になれば嬉しいです。

本書が成るにあたっては、横田紀彦さん、桑田和也さん、大旗規子さんにひとかたならぬお世話になりました。心よりお礼を申し上げます。

二〇一八年二月

岸見一郎

文庫版あとがき

古代ギリシアの哲学者ヘラクレイトスが、「同じ川には二度入れない」といっています。川は絶え間なく流れていき、同じ川に足を浸したと思っても、川も人も前と同じではありません。この世のすべてのものは流転し、不断に変化していきます。

人間も例外ではありません。不老長寿を願ってみても、老いない人、生涯一度も病気にならない人、死なない人は誰一人いません。

アドラーは「生きることは進化である」といっているのですが、私は前に進まなくても、後退することがあっても、そのすべてが生きること、生きることは「進化」ではなく、ただ「変化」であると考えています。

生まれた時は何もできなかった子どもが日毎(ひごと)にできることが増えていくことも、健康な人が病気になることも、歳を重ね若い時には難なくできていたことが思うようにできなくなることも、それらはすべてただ変化であり、以前の状態と今の状態を比べ、進化したとも退化したとも見なくていいのです。

晩年、父が若い時の自分や家族の写真を貼った紙に文章を添えて「自分史」を作ったことを思い出しました。そこに父は「それぞれが自分の生を力強く生きた時代を偲ぶ」と書きました。

その頃、父は家族から離れて愛犬と共に一人で暮らしていました。そこに写っていた母のことをやがて父は忘れてしまいましたが、その時でも父は力強く精一杯生きていました。

力強くというのは人生に向き合う姿勢のことです。人はどんな状況にあっても力強く生きることができます。

文庫化にあたっては、山口毅さん、宮里祥子さんのお世話になりました。ありがとうございました。

二〇二〇年二月

岸見一郎

著者紹介

岸見一郎（きしみ　いちろう）

1956年京都生まれ。京都大学大学院文学研究科博士課程満期退学（西洋古代哲学史専攻）。京都教育大学教育学部、奈良女子大学文学部（哲学・古代ギリシア語）、近大姫路大学看護学部・教育学部（生命倫理）、京都聖カタリナ高等学校看護専攻科（心理学）非常勤講師を歴任。専門の哲学に並行してアドラー心理学を研究、精力的に執筆・講演活動を行っている。

ベストセラーとなった『嫌われる勇気』『幸せになる勇気』（以上、古賀史健との共著、ダイヤモンド社）、『幸福の哲学 アドラー×古代ギリシアの智恵』（講談社）、『幸福の条件 アドラーとギリシア哲学』（KADOKAWA）、『愛とためらいの哲学』（PHP研究所）など著書多数。

PHP文庫　老いる勇気
これからの人生をどう生きるか

2020年3月26日　第1版第1刷

著　者　岸見一郎
発行者　後藤淳一
発行所　株式会社PHP研究所
東京本部　〒135-8137 江東区豊洲5-6-52
PHP文庫出版部　☎03-3520-9617(編集)
普及部　☎03-3520-9630(販売)
京都本部　〒601-8411 京都市南区西九条北ノ内町11
PHP INTERFACE　https://www.php.co.jp/
組　版　有限会社エヴリ・シンク
印刷所
製本所　図書印刷株式会社

ISBN978-4-569-90012-4